GLOBAL BUSINESS
VOCÊ ESTÁ PREPARADO?

Editora Appris Ltda.
1.ª Edição - Copyright© 2024 do autor
Direitos de Edição Reservados à Editora Appris Ltda.

Nenhuma parte desta obra poderá ser utilizada indevidamente, sem estar de acordo com a Lei nº 9.610/98. Se incorreções forem encontradas, serão de exclusiva responsabilidade de seus organizadores. Foi realizado o Depósito Legal na Fundação Biblioteca Nacional, de acordo com as Leis nos 10.994, de 14/12/2004, e 12.192, de 14/01/2010.

Catalogação na Fonte
Elaborado por: Dayanne Leal Souza
Bibliotecária CRB 9/2162

L946g 2024	Ludovico, Nelson
	Global business: você está preparado? / Nelson Ludovico. – 1. ed. – Curitiba: Appris, 2024.
	150 p. : il. ; 23 cm. – (Coleção Ciências Sociais – Seção Administração).
	Inclui referências. ISBN 978-65-250-6416-1
	1. Negócios. 2. Estratégia. 3. Benchmarking (Administração). 4. Logística. I. Ludovico, Nelson. II. Título. III. Série.
	CDD – 346.06

Livro de acordo com a normalização técnica da ABNT

Appris
editora

Editora e Livraria Appris Ltda.
Av. Manoel Ribas, 2265 – Mercês
Curitiba/PR – CEP: 80810-002
Tel. (41) 3156 - 4731
www.editoraappris.com.br

Printed in Brazil
Impresso no Brasil

Nelson Ludovico

GLOBAL BUSINESS
VOCÊ ESTÁ PREPARADO?

Appris
editora

Curitiba, PR

2024

FICHA TÉCNICA

EDITORIAL	Augusto Coelho
	Sara C. de Andrade Coelho
COMITÊ EDITORIAL	Andréa Barbosa Gouveia - UFPR
	Edmeire C. Pereira - UFPR
	Iraneide da Silva - UFC
	Jacques de Lima Ferreira - UP
	Marli Caetano
SUPERVISOR DA PRODUÇÃO	Renata Cristina Lopes Miccelli
PRODUÇÃO EDITORIAL	Bruna Holmen
REVISÃO	Manuella Marquetti
DIAGRAMAÇÃO	Andrezza Libel
CAPA	Eneo Lage
REVISÃO DE PROVA	Bruna Santos

COMITÊ CIENTÍFICO DA COLEÇÃO CIÊNCIAS SOCIAIS

DIREÇÃO CIENTÍFICA Fabiano Santos (UERJ-IESP)

CONSULTORES

- Alícia Ferreira Gonçalves (UFPB)
- Artur Perrusi (UFPB)
- Carlos Xavier de Azevedo Netto (UFPB)
- Charles Pessanha (UFRJ)
- Flávio Munhoz Sofiati (UFG)
- Elisandro Pires Frigo (UFPR-Palotina)
- Gabriel Augusto Miranda Setti (UnB)
- Helcimara de Souza Telles (UFMG)
- Iraneide Soares da Silva (UFC-UFPI)
- João Feres Junior (Uerj)
- Jordão Horta Nunes (UFG)
- José Henrique Artigas de Godoy (UFPB)
- Josilene Pinheiro Mariz (UFCG)
- Leticia Andrade (UEMS)
- Luiz Gonzaga Teixeira (USP)
- Marcelo Almeida Peloggio (UFC)
- Maurício Novaes Souza (IF Sudeste-MG)
- Michelle Sato Frigo (UFPR-Palotina)
- Revalino Freitas (UFG)
- Simone Wolff (UEL)

*Aos meus orientadores que, de forma especial,
me conduziram na realização deste estudo.*

Gratidão!

AGRADECIMENTOS

A Deus, por ter me dado a importante missão de professor.

À Neuza, minha companheira de 55 anos, pelas análises e reflexões que foram tão importantes durante a elaboração desta obra.

Ao ilustre Prof. Dr. Jorge Monteiro Filho, por ter me dado a honra de prefaciar minha obra — sua mensagem certamente a enriqueceu.

À Florida Christian University (FCU), de Orlando/Florida/EUA, na figura do magnífico reitor, Prof. Dr. Bruno Portigliatti, que acolheu a opinião de inserir na Linha de Pesquisa dos cursos de mestrado e doutorado o título que deu origem à elaboração deste livro.

Aos coordenadores do IDE FGV, Jamil Moyses Filho, Miguel Lima, Marcus Vinicius Rodrigues, David Lobato e Angelo Valle, pelas oportunidades de poder transmitir nossos conhecimentos e poder agregar valor aos participantes dos cursos.

Um especial agradecimento ao colega Antonio Nelson Rogeri, pelas orientações.

Aos professores Milve Antonio Peria (*in memoriam*) e Ary Panse (*in memoriam*), por me conduzirem à carreira acadêmica.

A todos os alunos que desde 1979 participaram dos cursos de graduação, especialização, mestrado, doutorado e pós-doutorado — espero ter contribuído com suas competências profissionais e acadêmicas.

*Na juventude deve-se acumular o saber.
Na velhice fazer uso dele.*

(Rousseau)

PREFÁCIO

O presente livro, obra cuidadosamente produzida como fruto de extensa atividade na área de negócios internacionais, corresponde a uma compilação de material obtido pelo autor no exercício de suas atividades profissionais e acadêmicas.

O material aqui apresentado tem como finalidade principal servir como texto fundamental de estudo das transformações dos complexos cenários e dos desafios enfrentados no âmbito dos negócios globais. Seu público-alvo é, portanto, o aluno de graduação e pós-graduação de áreas aderentes aos negócios internacionais, assim como empresários que já atuam ou desejam ingressar na área de exportação e importação.

Com a intenção de dar aos leitores melhores condições para que não se perca essa riqueza proporcionada por suas pesquisas, o autor redige este livro de forma didática, com muita clareza de linguagem, sem perda de rigor ou conteúdo.

A busca pela excelência nos negócios internacionais exige um profundo conhecimento e domínio de estratégias, organizações, negociações e logística. O autor, Prof. Dr. Nelson Ludovico, com sua vasta experiência e conhecimento nesse campo, oferece uma visão abrangente e perspicaz sobre os aspectos cruciais desses domínios.

O primeiro capítulo deste livro concentra-se na organização das empresas em um contexto global. A cultura organizacional, a exploração dos mercados globais e os diversos períodos da globalização são explorados em detalhes, oferecendo uma compreensão rica das dinâmicas envolvidas. As vantagens de participar do comércio global são minuciosamente discutidas, destacando o valor da inovação, eficiência e internacionalização.

No segundo capítulo, somos imersos na compreensão da estratégia nos negócios globais. Desde a análise das forças competitivas até a aplicação estratégica do *benchmarking* e do SCOR (*Supply Chain Operations Reference*), o leitor é guiado pelos principais conceitos que sustentam as decisões estratégicas fundamentais.

No terceiro, o autor trata da negociação, um elemento essencial em qualquer cenário internacional. Ele explora a arte da negociação, desde a compreensão dos interesses envolvidos até as complexidades culturais e éticas que moldam as interações comerciais globais.

Por fim, a quarta parte concentra-se na logística, uma peça fundamental no quebra-cabeça dos negócios internacionais. A gestão eficiente da cadeia de suprimentos, os custos logísticos e os diferentes modos de transporte são analisados em detalhes, fornecendo uma visão abrangente das operações internacionais.

Este livro não apenas oferece uma exploração profunda dos tópicos individuais, mas também tece uma narrativa coesa que reflete a interconexão intrínseca entre estratégia, organização, negociação e logística nos negócios globais. Com insights práticos, exemplos claros e abordagens aplicáveis, o autor construiu uma obra que servirá como um guia valioso para aqueles que buscam navegar pelo complexo mundo dos negócios internacionais.

Convidamos você a embarcar em uma jornada intelectual pelas páginas deste livro, explorando as facetas fascinantes dos negócios globais, e a aproveitar o conhecimento enriquecedor compartilhado por Nelson Ludovico, um autor experiente e autoridade no campo dos negócios internacionais.

Disfrutem e façam boa leitura!

Prof. Dr. Jorge Monteiro Filho
Diretor da Fatec – Baixada Santista Rubens Lara
Vice-presidente Cultural da Ordem dos Economistas do Brasil

APRESENTAÇÃO

Ao iniciar os estudos na preparação desta obra, conclui-se que a globalização está muito mais presente do que se imagina na vida das pessoas, das empresas e na economia dos países.

Há uma nova realidade nos negócios globais, iniciada a partir de 2022 com o princípio do término da pandemia criada pela covid-19, cuja assimilação por parte das empresas altera substancialmente o fluxo de bens, serviços, investimentos, pessoas e culturas, pois o volume global por meio de trocas, a facilidade de comunicação e viagens, além dos grandes avanços na tecnologia da informação, contribuem e auxiliam não só as grandes empresas, mas também as pequenas e médias que precisam de preparo organizacional adequado para competirem internacionalmente.

Cada vez mais as empresas tomam consciência de seu papel como bons cidadãos corporativos, que trazem ao país resultados financeiros e crescimento econômico, além dos próprios benefícios pelos investimentos realizados em produções, tecnologia e inovação.

Mas não são apenas as empresas que investem: os estudantes que iniciam ou que já estão em carreiras acadêmicas, que necessitam aprimorar e potencializar seus conhecimentos sobre as mudanças do cenário de negócios internacionais, fazem parte do processo desse cenário mais atual.

No mundo globalizado por produtos, mercados e investimentos, é mais importante do que nunca que esses estudantes ou egressos de universidades conheçam a geoeconomia mundial e os caminhos das operações internacionais.

As necessidades crescentes dos países em desenvolvimento envolvem aumentar suas exportações e otimizar suas importações para proporcionar saldos favoráveis nas balanças comerciais que lhes propiciem melhores condições de desenvolvimento. Se, de um lado, para alcançar esses objetivos, há evidente imposição de modernização, de outro, a preponderância de pequenas e médias empresas exige preparação e formulações nem sempre fáceis de serem implementadas e executadas.

É notório, no entanto, que, apesar das dificuldades, as transformações devem ser realizadas rapidamente, pois não se conseguirá jamais boas posições no comércio global sem escala de operações. Para isso, torna-

-se necessário pensar, de imediato, na maior dimensão dos negócios das empresas. O comércio internacional tem um papel muito mais importante do que se imagina, pois, para a abertura de novos mercados, deve-se realizar esforços técnicos, financeiros e humanos.

Os objetivos de modernização e inserção nos mercados externos não poderão ser atingidos sem uma convergente e determinante ação do Estado e dos meios empresariais, tanto na indústria, pecuária, agronegócios, extração, comércio, além, obviamente, da participação das instituições de ensino de todos os níveis.

Seja qual for a área mundial que estejamos considerando, continuará sendo necessária a atuação das pequenas e médias empresas nesse ambiente.

Por essas razões, devemos estar sempre atentos ao comércio internacional, não somente em momentos de dificuldades do mercado interno, mas tornar essa atividade como normal nas empresas.

A célebre frase dos anos 1980, "Exportar é o que importa", deve ser alterada para: **"Negócios Globais é crescimento!".**

Boa leitura!

SUMÁRIO

CAPÍTULO 1
ATUAR INTERNACIONALMENTE EXIGE ESTRUTURAÇÃO............19

1.1 O desafio da cultura organizacional nos negócios globais 19

1.2 O mercado global na sua porta 19

1.3 As economias-mundo antes das descobertas 20

1.4 Globalização e seus efeitos 21

    1.4.1 Comunicação 22

    1.4.2 Finanças..22

1.5 O Brasil e o comércio global...23

1.6 Visão holística..24

1.7 Por que não participar?...28

1.8 Vantagens 29

1.9 Estratégia de introdução em mercados internacionais........................30

1.10 A internacionalização 31

1.11 Estratégias no desenvolvimento de mercados................................34

    1.11.1 Desenvolvimento de produtos 34

1.12 Integração internacional 35

1.13 Características do mercado externo...35

1.14 Plano de exportação...37

1.15 O departamento de negócios internacionais 38

1.16 Decisões..40

1.17 Gerenciamento em comércio exterior 44

    1.17.1 Gerência de exportação 44

    1.17.2 Gerência de importação...45

    1.17.3 Desenvolvimento gerencial 45

1.18 Atividades e especialidades...47

1.19 Inteligência nas empresas 48

    1.19.1 Inteligência relacional...48

1.20 O departamento internacional na empresa...................................49

    1.20.1 Aspectos básicos 50

1.21 A importância dos colaboradores 53

1.22 Os mercados estão mais exigentes 53

1.23 Administração internacional..54

    1.23.1 Estudo de caso de exportação 55

1.23.2 Fluxograma 56
1.24 Estudo de caso de importação. 56
1.25 Os mercados 59
1.25.1 Diferentes tipos de pesquisa 61
1.25.2 Bases de estudos de mercados. 62
1.26 Feiras Internacionais e Rodadas de Negócios 65
1.26.1 Provar um mercado. 66
1.26.2 Conhecer os concorrentes 66
1.26.3 Promover e efetuar vendas. 67
1.27 Métodos de comercialização 68
1.28 Definir um método comercial. 68
1.28.1 Método indireto 68
1.28.2 Método direto 69
1.29 Agenciamento comercial internacional 69
1.29.1 Avaliação e escolha de agentes 70
1.29.2 Tipos de agentes 70
1.29.2.1 Agente comissionado 71
1.29.2.2 Importador único 71
1.29.2.3 Distribuidores exclusivos. 72
1.29.2.4 Agente *del credere* 72
1.29.2.5 Combinações de funções de agenciamento. 72
1.29.2.6 A escolha do agente 73
1.29.2.7 Fontes de informação 73
1.29.2.8 Avaliação dos possíveis agentes 75
1.29.2.9 Acordos contratuais entre o exportador e o agente 76
1.29.2.10 Cláusulas de salvaguarda. 76
1.29.2.11 Dúvidas 77
1.29.2.12 Diretrizes gerais 78
1.29.2.13 Obrigações do agente 79
1.29.2.14 Avaliação de desempenho do agente. 80
1.29.2.15 Aspectos jurídicos de contratos de agenciamento. 80
1.29.2.16 Modelo de contrato de agenciamento 81

CAPÍTULO 2
A IMPORTÂNCIA DAS ESTRATÉGIAS NOS NEGÓCIOS GLOBAIS. 85
2.1 Estratégia global 86
2.2 As cinco forças 87
2.3 *Benchmarking* 88
2.3.1 Conceito 88
2.3.2 Definição 89
2.3.3 Aplicação 89

2.3.4 Vantagem 90

2.3.5 Tipos de *Benchmarking* 91

2.3.6 O *Benchmarking* e o SCOR 92

2.3.7 Perspectiva histórica 92

CAPÍTULO 3
TÉCNICAS DE NEGOCIAÇÃO 95

3.1 Negociação 95

3.2 E sobre os interesses? 96

3.3 Tipos de necessidades 97

3.4 A importância da negociação 98

3.4.1 Quanto à cultura 99

3.4.2 Quanto à ética 100

3.4.3 Resultados das negociações 103

3.4.4 Saber negociar é uma arte 103

3.5 A cultura nos negócios 103

3.6 Aspectos culturais 104

3.7 Sistemática nas cotações internacionais 105

3.7.1 Considerações técnicas relevantes 105

3.7.1.1 Preço de exportação 105

3.7.1.2 Condição e forma de pagamento 106

3.7.1.3 O papel dos bancos 106

3.8 Termos Internacionais de Comércio – Incoterms 2020 107

3.9 Negociação com fornecedores 110

CAPÍTULO 4
GESTÃO DA LOGÍSTICA INTERNACIONAL 111

4.1 Operações internacionais 111

4.1.1 Desenvolvimento da Logística 111

4.2 Custo de logística compromete a produtividade 113

4.3 Alguns procedimentos logísticos no comércio exterior 114

4.4 *Supply Chain Management* (SCM) 115

4.5 Logística Globalizada 117

4.6 Fatores que levam ao mundo sem fronteiras 118

4.7 Abordagem de *Supply Chain* e da logística 119

4.8 Histórico sobre os transportes 120

4.8.1 Fases 120

4.9 Transporte marítimo 121

4.10 Transporte terrestre 121

4.10.1 Estradas...122

4.10.2 Estradas modernas..............................122

4.10.3 Estradas de ferro...............................123

4.11 Transporte aquaviário............................124

4.12 Marítimo primitivo...............................125

4.13 Navios cargueiros dos séculos XX e XXI.........128

4.14 Transporte aéreo.................................128

4.15 O transporte marítimo internacional............130

4.15.1 Tarifas de fretes e serviços...................131

4.15.2 Composição do frete...........................132

4.15.3 Condições de embarque.........................132

4.16 Consolidação de cargas..........................133

4.17 Relação custos vs. Incoterms 2020..............134

4.18 Conhecimento de embarque marítimo.............134

4.19 O transporte aéreo internacional...............135

4.19.1 Característica desse modal.....................135

4.20 Associação Internacional de Transporte Aéreo (Iata)...136

4.20.1 As principais finalidades da Iata.............137

4.20.2 Frete aéreo...................................137

4.20.3 Fator de densidade...........................137

4.21 Tarifas Aéreas.................................138

4.21.1 General Cargo Rate (tarifa geral)............138

4.21.2 Tarifas classificadas (aplicadas especificamente)....138

4.21.3 *Commodity rate* (tarifa por produto)........138

4.21.4 Consolidação de cargas.......................139

4.22 O transporte rodoviário no Mercosul e Cone Sul...140

4.23 Manifesto Internacional de Carga/Declaração de Trânsito Aduaneiro (MIC/DTA)......................141

4.24 Sistema Multimodal.............................141

4.24.1 Ganhos de escala.............................142

4.24.2 O Operador de Transporte Multimodal (OTM)....143

4.25 Síntese das atribuições dos operadores logísticos...143

CONSIDERAÇÕES FINAIS...............................145

REFERÊNCIAS..147

CAPÍTULO 1

ATUAR INTERNACIONALMENTE EXIGE ESTRUTURAÇÃO

1.1 O desafio da cultura organizacional nos negócios globais

Não mais o dinheiro, nem a marca, tampouco os produtos ou serviços; a globalização nos ensinou que as empresas "vencem por sua cultura". Esse é o novo campo de batalha nos negócios.

O ambiente empresarial continua sendo um local de convivência entre pessoas das mais diversas crenças, comportamentos e ideologias, e a cultura é justamente a forma de integração de perfis. Por isso, deve-se acolher a todos, ao mesmo tempo que se cria uma sintonia para que os objetivos corporativos sejam alcançados. Esse é o grande desafio.

Partindo dessas premissas, a cultura organizacional é a representação da imagem compartilhada por uma organização e pode ser observada a partir das atitudes e dos comportamentos de seus colaboradores.

Muitos outros fatores e detalhes invisíveis em uma rápida olhada compõem a cultura empresarial, caracterizam uma organização, tais como o acervo de valores, crenças, ética, atitudes, missão e visão. Assim como a direção mostrada por uma bússola ou o GPS, todas essas características auxiliam a direcionar as boas práticas de trabalho e a forma como as pessoas se relacionam, tanto interna quanto externamente à empresa, principalmente quando os negócios são direcionados também para outros países, seja importando, exportando ou oferecendo serviços.

1.2 O mercado global na sua porta

O termo globalização tem sido utilizado em um sentido marcadamente ideológico, no qual se assiste no mundo inteiro a um processo de integração econômica sob a égide do neoliberalismo, caracterizado pelo predomínio dos interesses financeiros, pela desregulamentação dos mercados, pelas privatizações das empresas estatais e pelo abandono do estado de bem-estar social. Essa é uma das razões de os críticos acusarem a globalização de ser responsável pela intensificação da exclusão social (com o aumento do número de populações menos favorecidas e desempregados) e de provocar crises econômicas sucessivas, arruinando milhares de poupadores e de pequenos empreendimentos.

No texto que se segue, não trataremos desse fenômeno no sentido ideológico, mas sim no seu significado histórico, aqui entendido como integração e interdependência econômica. Aqui o termo é empregado para fins específicos de uma síntese, bem distante das manipulações ideológicas que possam ele sofrer. Portanto, para nós, ele tem um significado mais profundo, e não apenas propagandístico.

1.3 As economias-mundo antes das descobertas

Antes de ter início a primeira fase da globalização, os continentes encontravam-se separados por intransponíveis extensões acidentadas de terra e de águas, de oceanos e mares, que faziam com que a maioria dos povos e das culturas soubesse da existência uma das outras apenas por meio de lendas ou imaginários relatos de viajantes, como o de Marco Polo. Cada povo vivia isolado dos demais, cada cultura era autossuficiente. Nascia, vivia e morria no mesmo lugar, sem tomar conhecimento da existência dos outros.

Até o século XV, identificamos cinco economias-mundo, expressão de Braudel (1995), totalmente autônomas, espalhadas pela terra e que viviam separadas entre elas. A primeira delas, a da Europa, era composta pelas cidades italianas de Gênova, Veneza, Milão e Florença, que mantinham laços comerciais e financeiros com o Mediterrâneo e o Levante, onde possuíam importantes feitorias e bairros comerciais. Bem mais ao norte, na França setentrional, vamos encontrar outra área comercial significativa na região de Flandres, formada pelas cidades de Lille, Bruges e Antuérpia, vocacionadas para os negócios com o Mar do Norte. No Mar Báltico, encontrava-se a Liga de Hansa, uma cooperativa de mais de 200 cidades mercantes lideradas por Lubeck e Hamburgo, que mantinham um eixo comercial que ia de Novgorod, na Rússia, até Londres, na Inglaterra.

Outra economia-mundo era formada pela China e por regiões tributárias, como a península coreana, a Indochina e a Malásia, e que só se ligava com a Ásia Central e o Ocidente por meio da rota da seda.

GLOBAL BUSINESS: VOCÊ ESTÁ PREPARADO?

A Índia, por sua vez, graças a sua posição geográfica, trafegava em um raio econômico mais amplo; no noroeste, pelo Oceano Índico e pelo Mar Vermelho, estabelecia relações com os mercadores árabes que tinham feitorias em Bombaim e outros portos da Índia Ocidental, enquanto comerciantes malaios eram acolhidos do outro lado, em Calcutá. Seu imenso mercado de especiarias e tecidos finos era afamado, mas só pouco chegava ao Ocidente graças ao comércio com o Levante. Foi a celebração das suas riquezas que mais atraiu a cobiça dos aventureiros europeus, como o lusitano Vasco da Gama.

Com o desenvolvimento a partir dos grandes navegadores e das conquistas, o comércio se intensificou de tal forma que hoje podemos, em síntese, analisar os períodos da evolução:

Quadro 1 – Períodos da globalização

1450 – 1850	Primeira fase	Expansionismo mercantilista
1850 – 1950	Segunda fase	Industrial-imperialista-colonialista
1989 – 2000	Terceira fase	Cibernética-tecnológica associativa
Pós 2000	Quarta fase	Revolução Industrial 4.0

Fonte: elaborado pelo autor

1.4 Globalização e seus efeitos

A globalização tornou-se palavra mágica com o poder de autoexplicar os mais variados temas da atualidade, as moratórias, as perdas de emprego, para não falar de outros assuntos pontuais. Essa palavra tem adquirido conotação negativa, como se fosse responsável pela "desnacionalização" das empresas brasileiras, o que confunde ainda mais o seu real significado.

Globalização é um processo de integração mundial que está ocorrendo há pelo menos três décadas nos setores de comunicação, economia, finanças e comércio. Por sua velocidade e amplitude, esse fenômeno já afetou indivíduos, empresas e nações, pois altera os fundamentos sobre os quais se organizou a economia mundial nos últimos 50 anos.

Vejamos quais as principais megatendências que estão moldando a integração da economia e dos mercados, considerando a retomada da economia pós-pandemia em 2023:

1.4.1 Comunicação

A tecnologia tem avançado enormemente neste século. A comunicação disponibiliza informação em tempo real e praticamente em qualquer lugar do mundo, possibilitando o intercâmbio com rapidez a custos baixos.

O impacto dos avanços tecnológicos nas comunicações, aliado ao desenvolvimento e a reduções nos preços de equipamentos e informática, transformou o gerenciamento dos negócios internacionais. A transmissão e o processamento das informações a velocidades sem precedentes diminuíram o tempo de maturação das negociações, ampliaram as possibilidades de um melhor planejamento, coordenação e controle de operações internacionais, e tornaram mais rápidas as tomadas de decisão.

1.4.2 Finanças

O setor financeiro é o segmento que atingiu o maior nível de integração mundial, pois os capitais fluem com velocidade entre os países e mercados, sempre em busca de alternativas para aplicações especulativas ou investimento, tornando as economias nacionais altamente vulneráveis aos movimentos financeiros internacionais.

Como exemplo do passado, tivemos a crise financeira mexicana no final de 1994, provocada pela evasão de capitais internacionais que levou à desvalorização do peso e a uma forte recessão econômica. Seus efeitos negativos alastraram-se para outros países latino-americanos, que foram afetados pela desconfiança do sistema financeiro internacional em seus programas de ajustes econômicos.

Em 2008, com a crise hipotecária norte-americana (subprime ou hipotecas de risco), vários países enfrentaram problemas econômicos, enquanto outros vários aproveitaram para investir e crescer.

Em 2020, já com a covid-19 alastrando-se pelo mundo, o mercado financeiro mundial foi atingido de tal sorte que bancos americanos encerraram suas atividades, as moedas sofreram grandes desvalorizações, o comércio mundial paralisou atividades, causando perdas produtivas e falta de produtos nos mercados.

Em 2022, com a guerra Rússia *vs.* Ucrânia, o mercado financeiro iniciou uma nova fase de crise, provocada pela falta de matérias-primas da agricultura, e consequentemente o aumento de valores em moedas estrangeiras.

Apesar dessa guerra e do impacto causado pela pandemia, o comércio de bens e serviços registrou um forte crescimento em 2022. O comércio de bens cresceu 10% em relação a 2021, para cerca de US$ 25 trilhões, devido em parte aos preços mais altos da energia. Os serviços subiram 15%, para um recorde de US$ 7 trilhões.

Mas as mudanças na cadeia de suprimentos e transição verde afetarão o comércio, pois dois outros fatores que podem afetar os padrões de comércio em 2023 são: a evolução das cadeias de suprimentos globais e a transição para uma economia mundial mais verde.

As incertezas permanecem altas para as operações da cadeia de suprimentos. As estratégias de mitigação — incluindo a diversificação de fornecedores, o remanejamento, *o near-shoring* e o *friend-shoring* — provavelmente afetarão os padrões de comércio global nos próximos anos.

É uma alerta.

1.5 O Brasil e o comércio global

O Brasil desempenha um papel significativo no comércio global devido a seu tamanho geográfico, recursos naturais e abundantes e posição estratégica na América do Sul.

O país é uma das maiores economias do mundo e cresce anualmente no comércio internacional. É conhecidamente um dos principais produtores de soja, açúcar, café, milho, aves, carne bovina e suína, minério de ferro e minerais. É também importante exportador de aeronaves, automóveis e produtos químicos.

Apesar de potencial no comércio global, o país também enfrenta desafios, como infraestrutura inadequada, burocracia e sistema tributário. Além disso, como grande exportador de *commodities,* os preços flutuam significativamente, afetando a economia brasileira.

Em resumo, o país desempenha papel importante no comércio global, mas precisa se estruturar melhor em logística para que possa ser competitivo e expandir sua presença no mercado internacional e fortalecer as relações comerciais, criando parcerias.

1.6 Visão holística

Ao analisar a importância das relações econômicas internacionais do nosso país, deparamos, até com certa surpresa, com o que ocorreu nos últimos dez anos com relação aos tipos de produtos e valores exportados e importados, além do aumento do número de empresas de pequeno, médio e grande porte a buscar o comércio externo.

Diante disso, chega-se à conclusão de que temos um grande potencial de fornecimento de produtos básicos, manufaturados e semimanufaturados de interesse mundial.

Ao examinar o crescimento do mercado global nesse mesmo período, podemos concluir que, no momento exato, o país e as empresas tomaram a decisão certa de se internacionalizar de forma definitiva.

Estudar o comércio internacional é poder ter a visão de que, realmente, o mundo se tornou um "grande condomínio de países" que tem como inquilino empresas de todo tipo e tamanho que comercializam produtos consumidos globalmente.

Povos primitivos, como os fenícios, procuravam trocar seus produtos por outros que não produziam, buscando, com isso, o crescimento e o desenvolvimento de sua gente. Como um dos resultados, esse sistema fez com que o comércio se desenvolvesse, criando novas fases, como o mercantilismo, o liberalismo clássico, o protecionismo, o neoliberalismo e a atual integração econômica.

O que se observa é que, após a Segunda Grande Guerra, os países, ainda sensibilizados pelo horror deixado, procuraram acordos que pudessem gerar mais riquezas e, ao mesmo tempo, desenvolvimento na agricultura, na indústria, no comércio e na cultura. Estudos ainda revelam que muitas nações procuraram o desenvolvimento por meio do mercado externo para que pudessem ter investimentos e rentabilidade. A guerra nos deixou ensinamentos sobre a necessidade da reconstrução, não só física, mas também política e econômica, dos países que foram atingidos indiretamente pelo conflito, os que hoje são chamados países do Terceiro Mundo.

A integração dos países e das economias passou a ser o alvo da modernidade, o norte das nações: a eliminação das rivalidades, o desejo de uma união, enfim, o reinício com novas propostas. As negociações globais representam um percentual cada vez maior das atividades mercadológicas no mundo empresarial e das atividades das pessoas, dos colaboradores,

GLOBAL BUSINESS: VOCÊ ESTÁ PREPARADO?

dos executivos espalhados pelos países afora. Os negócios internacionais representam importância crescente na atividade econômica de grande parte das nações. Esses negócios assumiram, nesse final de século, destaque muito maior do que se imagina, principalmente com a globalização da economia.

Se estudarmos nosso país, vemos que praticamente se comercializava produtos primários a partir da cultura deixada pelos nossos colonizadores, como açúcar, borracha, cacau e café, isso durante ciclos econômicos.

No entanto, o mundo mudou radicalmente a partir da década de 1960, e uma das razões pelas quais o governo de Juscelino Kubitschek[1] criou o Plano de Metas foi justamente a industrialização do país para a substituição de produtos importados.

De lá para cá, vários projetos para aumentar a participação do Brasil no cenário internacional foram e continuam a ser realizados, fazendo com que a capacitação empresarial e a visão sobre mercados possam mostrar claramente que a exportação é, e sempre será, saudável para as empresas que acreditam em seus produtos e em seus investimentos, e que as importações são saudáveis a partir dos objetivos de modernizar indústrias com aquisições de máquinas e equipamentos modernos de outros países ou de suprir empresas em geral, de matérias-primas ou produtos acabados para o mercado.

O cenário internacional se apresenta como uma enorme gama de oportunidades, desde que os empresários e profissionais que atuam nessa área vislumbrem a relação *produto–mercado–consumidor*, pois o mundo todo compra tudo e de todos, razão pela qual a empresa deve, cuidadosamente, analisar os mercados de forma objetiva, e ter em mente que não existem apenas os Estados Unidos e a Europa. Existem algumas centenas de países, por isso se deve analisar e saber onde estão os nichos de mercado.

A atividade de exportação é saudável e a empresa deve, cautelosamente, analisar a forma e a condição de pagamento para que possa ter os lucros desejados. Deve estar sempre preparada para o eventual crescimento das vendas externas, ou seja, ser analítica o suficiente para novos investimentos.

A atuação das empresas em nível internacional vem sofrendo grandes alterações em função de uma série de aspectos que caracterizam o novo mercado globalizado.

---

[1] Governo brasileiro que vai de 1956 a 1961, marcado pelo plano de ação "50 anos em 5".

Assim, entre os diversos tipos de empresas internacionalizadas, pode--se apresentar um modelo de transição em suas atividades que se caracterizaria por alguns aspectos básicos, tais como:

- redes internacionais de contatos;

- criação de uma mentalidade claramente internacional;

- busca de novos conhecimentos;

- envio de gestores a outros países para obtenção de maior conhecimento e cultura.

A importância da globalização da economia é tão grande, e se faz presente de maneira tão intensa no dia a dia das pessoas e das empresas, que não chega a causar espanto pela facilidade de penetração dos produtos nas economias do mundo.

O aumento da globalização da economia pode ser visto, de maneira muito clara, no crescimento explosivo do número de empresas nacionais e multinacionais voltadas para o mercado externo.

A abertura do Brasil para o comércio internacional, a partir de 1990, mostrou-nos claramente que os resultados têm sido de grande valia para o processo de desenvolvimento da nossa economia e que, na atual conjuntura, o que se almeja é exportar ainda mais.

Há muito que fazer nesse sentido, como:

- analisar friamente a necessidade de financiamento aos clientes do exterior;

- criar uma real política de país exportador com apoio comercial à altura das necessidades, apesar das ações da Apex e Associações de Classe;

- mapear os focos produtivos, incentivando também o pequeno e o médio fabricantes que estão distantes dos grandes centros;

- reverter rapidamente o ganho com as privatizações dos portos em redução dos custos operacionais e logísticos dos produtos exportados;

- melhorar a prestação de serviços complementares às exportações, desburocratizando os processos e dando mais agilidade;

- mudar a cultura das empresas com relação ao comércio internacional, por meio de insistentes seminários, palestras, *workshops* em todos os municípios em que haja probabilidade de exportações de seus produtos;

- cobrar mais agilidade nas decisões, por parte dos órgãos intervenientes, que somente atravancam o progresso do comércio exterior brasileiro e outras mais que ainda estão incrustadas.

O êxito da atividade exportadora se pauta pelo atendimento a uma série de requisitos e, em alguns casos, requer treinamento específico e apoio de profissionais especializados para as empresas.

Quanto à participação do Brasil nos negócios globais, o Quadro 2 apresenta resultados da estatística histórica (1997 com a implantação do sistema eletrônico) em valores FOB (*free on board*) em dólares americanos sem frete e seguro internacionais.

Quadro 2 – Estatística do Comércio Exterior Brasileiro – Fase histórica

ANO	EXPORTAÇÃO (A)	IMPORTAÇÃO (B)	SALDO(A-B)	CORRENTE (A+B)
1997	52.947.495.532	60.537.962.059	-7.590.466.527	113.485.457.591
1998	51.076.603.549	58.672.860.908	-7.596.257.359	109.749.464.457
1999	47.945.909.310	50.259.540.356	-2.313.631.046	98.205.449.666
2000	54.993.159.648	56.976.350.170	-1.983.190.522	111.969.509.818
2001	58.032.294.243	56.569.020.182	1.463.274.061	114.601.314.425
2002	60.147.158.103	48.274.763.553	11.872.394.550	108.421.921.656
2003	72.776.746.690	49.307.163.152	23.469.583.538	122.083.909.842
2004	95.121.672.369	63.813.636.668	31.308.035.701	158.935.309.037
2005	118.597.835.407	74.692.215.554	43.905.619.853	193.290.050.961
2006	137.581.151.209	92.531.096.870	45.050.054.339	230.112.248.079
2007	159.816.383.833	122.041.949.120	37.774.434.713	281.858.332.953
2008	195.764.624.177	174.707.087.626	21.057.536.551	370.471.711.803
2009	151.791.674.186	129.397.611.523	22.394.062.663	281.189.285.709
2010	200.434.134.826	183.336.964.846	17.097.169.980	383.771.099.672
2011	253.666.309.507	227.969.756.701	25.696.552.806	481.636.066.208
2012	239.952.538.158	225.166.426.069	14.786.112.089	465.118.964.227
2013	232.544.255.606	241.500.886.459	-8.956.630.853	474.045.142.065
2014	220.923.236.838	230.823.018.796	-9.899.781.958	451.746.255.634
2015	186.782.355.063	173.104.259.077	13.678.095.986	359.886.614.140
2016	179.526.129.214	139.321.357.653	40.204.771.561	318.847.486.867
2017	214.988.108.353	158.951.444.003	56.036.664.350	373.939.552.356
2018	231.889.523.399	185.321.983.502	46.567.539.897	417.211.506.901
2019	221.126.807.647	185.927.967.580	35.198.840.067	407.054.775.227
2020	209.180.241.655	158.786.824.879	50.393.416.776	367.967.066.534
2021	280.632.533.563	219.409.359.680	61.223.173.883	500.041.893.243

Fonte: Ministério da Economia/Comércio Exterior (2022)

Vela observar que em 2021 a corrente de comércio (soma das exportações e importações) bateu o recorde com US$ 500 bi, algo nunca visto em nossa história.

Em 2022, com valores de US$ 335 bi de exportações e US$ 272 bi de importações, totalizando US$ 607 bi, um novo recorde ocorreu na corrente de comércio.

Em 2023, as exportações alcançaram o valor de US$ 339,7 bilhões, resultado inédito, superando em 1,7% os números de 2022, enquanto as importações tiveram queda de 11,7% e fecharam 2023 em US$ 240,8 bi, totalizando US$ 580,5 bi na corrente de comércio.

1.7 Por que não participar?

Está provado que o comércio com outros países faz parte da moderna administração de muitas empresas que procuram outras economias e culturas para a colocação de seus produtos. Faz parte dos novos conceitos comerciais que foram introduzidos, em definitivo, em nosso país, a partir da abertura da economia por meio do Plano Collor, em 1990, e pelo Plano Real, cujos resultados estamos obtendo nos últimos anos.

Inicialmente, a empresa observará que a exportação, mediante legislação específica, estará isenta ou suspensa do recolhimento de impostos aplicados no mercado interno, além de poder usufruir de incentivos financeiros próprios da área da exportação por intermédio da rede bancária autorizada pelo Banco Central do Brasil.

Outro fator importante é que muitos produtos são modificados pelas empresas por sugestão do mercado externo, fazendo que passem a ser comercializados também no mercado interno. Costuma-se dizer que aprendemos com o exterior sem pagar por isso, e ainda vendemos internamente.

As exigências de outros mercados propiciam às empresas brasileiras a modernização de seu parque industrial e melhor escolha na aquisição de matérias-primas nacionais ou importadas.

Há também de ser considerado que o consumidor de um produto, ao reconhecer uma marca exportada, passa a ter mais confiança no bem que pretende adquirir, pois entende automaticamente que, além da modernidade, a qualidade do produto é superior.

GLOBAL BUSINESS: VOCÊ ESTÁ PREPARADO?

Além dessas vantagens, o aumento da produção com as vendas ao exterior trará outros benefícios para a redução do custo. Com o aumento das compras no mercado interno, há uma mudança de comportamento no planejamento, bem como de prazos de pagamento que poderão ser obtidos com esse novo desempenho da empresa.

1.8 Vantagens

Entre as vantagens que a atividade exportadora oferece às empresas, podem ser assinaladas as seguintes:

- Mais produtividade

Exportar no aumento da escala de produção, que pode ser obtido pela utilização da capacidade ociosa da empresa e/ou pelo aperfeiçoamento dos seus processos produtivos. A empresa poderá, assim, diminuir o custo de seus produtos, tornando-os mais competitivos, e aumentar sua margem de lucro.

- Diminuição da carga tributária

A empresa pode compensar o recolhimento dos impostos internos via exportação.

- Redução da dependência de vendas internas

A diversificação de mercados (interno e externo) proporcionará à empresa mais segurança contra as oscilações dos níveis de demanda interna.

- Aumento da capacidade inovadora

As empresas exportadoras tendem a ser mais inovadoras que as não exportadoras, costumam utilizar um número maior de novos processos de fabricação, adotam programas de qualidade e desenvolvem novos produtos com mais frequência e de acordo com os mercados externos.

- Aperfeiçoamento de recursos humanos

As empresas que exportam se destacam na área de recursos humanos, costumam oferecer melhores salários e oportunidades de treinamento a seus funcionários, além de investirem mais culturalmente.

- Aperfeiçoamento dos processos industriais e comerciais

Melhoria na qualidade e apresentação do produto, por exemplo, e na elaboração de contratos mais precisos, novos processos gerenciais etc. A empresa adquire melhores condições de competição interna e externa.

- Imagem da empresa

A qualidade de empresa exportadora é uma referência importante nos seus contatos no Brasil e no exterior; a imagem da empresa fica associada a mercados externos, em geral mais exigentes, com reflexos positivos para os clientes e fornecedores.

A exportação assume grande relevância para a empresa, pois é o caminho mais eficaz para garantir seu futuro em um ambiente cada vez mais competitivo, que exige capacitação das empresas brasileiras para enfrentar a concorrência estrangeira, tanto no país como no exterior.

1.9 Estratégia de introdução em mercados internacionais

Definir os objetivos, analisar a capacidade instalada de produção e a ociosidade por falta de demanda, criar a missão e a visão para atuar com outros mercados são pontos de suma importância para que a empresa realmente tome a decisão correta, sem conflitar, no futuro, com problemas não antes analisados.

Várias são as maneiras de montar estratégias internacionais, razão pela qual se deve sempre rever os conceitos iniciais e ter a certeza de que melhorar o desempenho organizacional fará parte dos caminhos que a empresa tomará.

Antes da implantação: quando a empresa toma a decisão de se inserir em outros mercados, deve responder a uma série de perguntas. As respostas deverão contribuir, e muito, para os passos que dará.

Que percentual da produção estará disponível para exportação?

R: A empresa deve analisar sua capacidade instalada e quanto disso regularmente vende no mercado interno, incluindo momentos de sazonalidade.

Quais produtos serão selecionados para serem exportados?

R: Se a empresa produz mais de um item ou mesmo vários modelos, deverá, cuidadosamente, com base na pergunta anterior, verificar qual a melhor seleção para a exportação.

A qualidade do produto é compatível com mercados mais ou menos sofisticados?

R: O mercado internacional não difere do mercado interno, ou seja, faixas de consumo, poder aquisitivo, usos e costumes e sazonalidade são alguns dos fatores de análise.

A empresa está preparada para investimentos que serão exigidos até o momento da realização de negócios com o exterior?

R: Assim como no início das atividades da empresa no mercado interno, os mesmos procedimentos ocorrerão quando iniciar suas atividades para a exportação, ou seja, catálogos em vários idiomas, investimento em propaganda, envio de amostras, investimento em site e meios de comunicação (lembrando até da comunicação via telex, pois as facilidades da internet não existem em todos os locais).

Será o departamento de exportação autônomo na administração?

R: Essa atividade é totalmente diferenciada em relação ao mercado interno, pois as vendas externas, assim como o sistema financeiro e operacional, exigirão outros conhecimentos e técnicas que não são utilizados normalmente. Por essa razão, sugere-se a implantação de uma área específica, com profissionais preparados adequadamente, com conhecimento tanto das leis e regras que regem o processo como da cultura de outros mercados.

Algum funcionário da empresa tem conhecimento da área?

R: Antes de iniciar a contratação de pessoas com conhecimento de exportação, sugere-se uma pesquisa sobre a possibilidade de funcionários administrativos terem tido alguma experiência em outra organização — e, em caso afirmativo, sugerem-se cursos de atualização.

Algum dos sócios ou funcionários da empresa já participou de feiras internacionais ou as visitou?

R: Mesmo nunca tendo realizado negócios com o exterior, a empresa poderá aproveitar-se da experiência de algum de seus funcionários que porventura tenha trabalhado em organizações que participaram de feiras ou rodadas de negócios em outros países. Aproveitar esse conhecimento auxiliará nas tomadas de decisão sobre a participação da empresa nesses certames.

1.10 A internacionalização

A internacionalização da empresa consiste em sua participação ativa nos mercados externos. Com a eliminação das barreiras que protegiam a indústria nacional no passado, a internacionalização é o caminho natural para que as empresas brasileiras se mantenham competitivas.

Se elas se dedicarem exclusivamente a produzir para o mercado interno, sofrerão a concorrência das empresas estrangeiras dentro do próprio país; é só analisar a balança comercial semanal que é publicada pelo Ministério da Economia/Comércio Exterior. Por conseguinte, para manter a sua participação no mercado interno, deverão se modernizar e se tornar competitivas em escala internacional.

As atividades de comércio exterior, contudo, não são isentas de dificuldades, inclusive porque o mercado externo é formado por países de diferentes idiomas, hábitos, culturas e leis. Tais dificuldades devem ser consideradas pelas empresas que se preparam para exportar ou importar.

Para a **exportação**, as empresas podem ser classificadas segundo as seguintes categorias, que revelam as etapas do caminho a ser percorrido até se transformarem em exportadoras ativas:

- não interessada: mesmo que eventualmente ocorram manifestações de interesse por parte de clientes estabelecidos no exterior, a empresa prefere vender exclusivamente no mercado interno;

- parcialmente interessada: a empresa atende aos pedidos recebidos de clientes no exterior, mas não estabelece um plano consistente de exportação;

- exportadora experimental: a empresa vende apenas aos países vizinhos, pois os considera praticamente uma extensão do mercado interno, em razão da similaridade dos hábitos e das preferências dos consumidores, bem como das normas técnicas adotadas;

- exportadora ativa: a empresa modifica e adapta seus produtos para atender aos mercados no exterior — a atividade exportadora passa a fazer parte da estratégia, dos planos e do orçamento da empresa.

As empresas brasileiras interessadas em se transformar em exportadoras ativas devem ter, entre outros, os seguintes cuidados:

1. Para a conquista do mercado internacional, elas não devem considerar a exportação uma atividade esporádica, ligada às flutuações do mercado interno, pois a dinâmica da economia do país nem sempre tem o mercado aquecido. A empresa precisa estudar qual parcela de sua produção deve ser sistematicamente destinada ao mercado externo.

2. A empresa exportadora deverá estar em condições de atender sempre às demandas regulares de seus clientes no exterior.

3. A concorrência é derivada, entre outros fatores, da existência de maior número de exportadores do que de importadores no mundo — outros fornecedores potenciais buscarão conquistar os mercados já ocupados pelas empresas brasileiras.

4. Os exportadores brasileiros devem saber utilizar plenamente os mecanismos fiscais e financeiros colocados à sua disposição pelo governo, a fim de aumentar o grau de competitividade de seus produtos.

5. Todas as comunicações recebidas de importadores devem ser respondidas, mesmo que, em determinado momento, não haja condições de atender à demanda.

As empresas podem participar do mercado internacional de modo ativo e permanente, ou em caráter eventual. Em geral, o êxito e o bom desempenho na atividade exportadora são obtidos pelas empresas que se inseriram na atividade exportadora como resultado de um planejamento estratégico direcionado para os mercados externos.

Já para **importar**, as empresas podem adquirir produtos após uma análise fundamentada sobre o fornecedor e sua capacidade em atender às compras. Esse procedimento é modernamente chamado de *Supply Chain Management*, que traz na esteira do processo o *Global Sourcing*, que se pode afirmar ser uma **terceirização planejada** que realmente amplia o alvo do processo de contratação para colocar as empresas que atuam em outros países.

Sourcing planejado faz parte dos modos de negócios usados para administrar o processo de licitação e escolha de fornecedores. Aquisições também são identificadas como compra e se atribuem às leis que cercam as possibilidades de licitação justas e equitativas. O uso desse conceito de *Global Sourcing* tem sido a força motora do crescimento e da ampliação da economia global. A introdução de fornecedores de todo o mundo no processo de licitação para contratos de grande porte diminui os preços e aumenta a concorrência.

Importante salientar que, para importar, a empresa deverá conhecer os custos totais, como fretes e seguros internacionais, tributos para poder nacionalizar o produto, custos dos serviços logísticos e custos administrativos.

Utilizar as vantagens que o comércio exterior oferece é agregar valor aos produtos e empresas, o que tanto as empresas brasileiras almejam para obtenção de maior lucratividade, e fazer com que o crescimento "para fora do país" possa torná-las mais competitivas, tanto no mercado interno como no externo.

Estudar negócios com o exterior, vendendo ou comprando, é ter parceiros especializados nas operações globais, fazendo que a marca, o produto e a empresa tenham o reconhecimento de seus consumidores, não esquecendo que a globalização se faz presente em todos os países, seja por produtos como investimentos.

Chegar até o processo de vendas em uma gestão de exportação supõe haver transitado em um cenário no qual, previamente, foram analisadas e definidas variáveis de suporte.

Uma empresa pode ter sido constituída somente para o mercado interno, mas logo pode precisar expandir seus objetivos e inserir-se no mercado externo, ou ter sido constituída também, logo de início, para negociar com o exterior. Em ambos os casos, não poderia seguir os caminhos sem um plano comercial que definisse uma série de conceitos e suporte para toda a estrutura comercial. As estratégias podem ser variadas e de diferentes alcances, ainda que necessariamente sejam atualizadas de tempos em tempos, dependendo dos diversos mercados de distintos países.

1.11 Estratégias no desenvolvimento de mercados

Priorizar a cobertura geográfica e se for extenso por definição e pretende conseguir a cobertura geográfica como objetivo primário, deve haver postura perspectivista para introduzir o produto em todo o país, e não somente em parte dele.

Todos esses aspectos são relevantes para que a direção da empresa possa tomar as decisões necessárias para a implantação dessa nova atividade.

A busca por incrementar a participação em um mercado deve ser a meta, ou seja, concentrar as ações de forma absoluta. Deve ser intensiva por meio de ações comerciais.

1.11.1 Desenvolvimento de produtos

O aumento da participação em um mercado pode se dar pelo desenvolvimento de novos produtos ou pela adaptação, de acordo com as características do mercado, considerando que é comum o produto vendido em nosso país agradar a consumidores de outros países. A transformação de um produto se determina como uma forma de adaptá-lo a outras culturas, e não como uma estratégia de vendas.

1.12 Integração internacional

Com a rápida integração comercial dos países, associar-se a empresas estrangeiras tem sido uma maneira de conquistar mercados. Nem sempre uma empresa consegue penetrar com seus produtos em outros países, a não ser tendo um parceiro comercial que poderá obter um ganho maior do que simplesmente importar e revender. Vendas em consignação ou por representação fazem parte do mundo comercial.

O que se observa é que empresários considerados com pouca experiência internacional desaprovam esse tipo de negócio, perdendo grandes oportunidades para se firmarem em certos mercados. A moderna administração tem esse tipo de negócio como uma prática atual.

1.13 Características do mercado externo

Indispensável para o correto lançamento de produtos no exterior, a pesquisa exploratória envolve múltiplos aspectos, desde as peculiaridades dos consumidores até as exigências legais dos governos.

Como se pode afirmar que o atendimento dessas exigências legais constitui o primeiro passo para que um produto possa circular fluentemente nos circuitos comerciais do país escolhido, pode-se também, com fortes razões, acreditar que a atenção às exigências do consumidor contribui de maneira decisiva para que nossos produtos ocupem novos espaços no comércio internacional.

De modo geral, as empresas precisam ter cuidados especiais — com regulamentações, normas de segurança, especificações técnicas, tarifas, adaptações dos produtos, licenças, entre outros — para que o lançamento do produto em novos mercados seja traduzido em uma só palavra: sucesso.

As empresas devem ter em pauta dois aspectos importantes quando se propõem a ingressar no mercado externo:

1. O enquadramento de seus produtos nas disposições legais do país importador; suas perspectivas com relação aos consumidores;

2. Mesmo quando se trata de produto com similar já comercializado, o estudo de mercado é imprescindível, pois a busca de novos espaços comerciais implica sempre novas conquistas. Desse modo, a necessidade de uma pesquisa exploratória se impõe como meio de determinar as características que deverão ser introduzidas no produto, visando ao atendimento das pretensões dos compradores potenciais.

Quando se trata de produtos controlados por autoridades sanitárias, o primeiro passo importante é obter informações sobre os regulamentos existentes no país importador e as comprovações que o exportador deve providenciar antes de iniciar as negociações.

Outros tipos de produtos também podem ser rigorosamente controlados de acordo com fatores de segurança, dentre os quais podemos citar os seguintes:

- Eletricidade: as regulamentações versam principalmente sobre disposição e isolamento de fios, montagem e proporção de metais para todos os aparelhos elétricos, compreendendo peças, ampolas, eletrodomésticos e máquinas em geral. Muitos desses itens, quando exportados para os Estados Unidos, necessitam de aprovação pela *Underwriters Laboratories* (UL), organização autorizada a aprovar o produto para consumo dos cidadãos americanos;

- Inflamabilidade: preferencialmente no tocante a roupas e móveis;

- Venenos: além dos avisos de praxe relativos à periculosidade, há exigências de modelos especiais de tampas e recipientes;

- Produtos destinados às crianças: principalmente no caso de brinquedos, roupas e acessórios, como mamadeira e chupeta, é frequente a legislação abrigar normas específicas quanto à natureza das matérias-primas, à montagem defeituosa e a peças perigosas que possam se desprender facilmente, colocando em risco a saúde ou a integridade física da criança.

Destacam-se, também, outras questões, como a adaptação de catálogo informativo e orientativo (*folders, flyers*) sobre o produto e sua utilização, assim como as etiquetas utilizadas em confecções, que devem estar de acordo com a padronização do país, em idiomas como inglês, espanhol e algum outro orientado pelo importador ou agente de exportação.

GLOBAL BUSINESS: VOCÊ ESTÁ PREPARADO?

Cada país tem suas normas de exportação e importação, o que implica que a empresa deverá tomar conhecimento de como suas amostras, quando enviadas a um agente ou importador, podem ser retiradas da alfândega sem causar problemas ao destinatário. Empresas de *courier*, como FedEx, DHL, UPS, por exemplo, podem orientar a empresa sobre envios dessa natureza, o que possibilita o envio no sistema *door-to-door*.

Outro ponto fundamental é com relação ao nome e à marca do produto que o exportador utilizará, visto que a marca sempre foi um componente do produto. Para que a empresa não tenha problemas no futuro, deve, durante o projeto inicial, solicitar uma pesquisa a empresas especializadas instaladas em nosso país sobre a possibilidade ou não de utilizar a marca desejada nos países com os quais iniciou negociações. Isso também pode ser realizado pelo importador ou agente de exportação contratado pela empresa.

Observação importante: é comum no mercado internacional o importador solicitar que o produto que deseja adquirir seja produzido com sua própria marca, fator esse que a empresa exportadora deve estudar, principalmente quando o contrato de compra for oferecido em larga escala. Lembre-se de que a marca é também um grande patrimônio da empresa.

1.14 Plano de exportação

A falta de um plano de exportação poderá acarretar um desgaste diante dos possíveis importadores, pois a empresa terá de levar em consideração os compromissos assumidos com clientes do mercado interno.

Alguns fatores devem ser examinados, além de obviamente ter de se preocupar com o setor de compras (que terá de acompanhar detalhadamente o cronograma de exportação) e o setor financeiro (preparado para os compromissos de compras). Para elaboração de um plano adequado, deve-se levar em consideração uma série de pontos fundamentais:

- estudar o mercado com o qual se deseja operar, de modo a avaliar suas efetivas possibilidades comerciais;

- analisar qual método de vendas se adaptará melhor ao planejamento: direto ou indireto;

- estudar o uso mercantil dos países com os quais se deseja negociar, observando fatores da legislação pertinente ao produto;

- garantir a organização interna necessária, assim como a escolha perfeita dos parceiros nas operações;

- atentar para as disposições sobre o controle de qualidade do produto a ser exportado, assim como rótulos, manuais de orientação, registros, idiomas etc.;

- obter conhecimento técnico dos estímulos oferecidos pelo governo;

- preparar cuidadosamente o preço para a exportação, levando em conta, entre outros aspectos, os preços praticados pela concorrência internacional;

- responder sempre e rapidamente às consultas do exterior, mesmo que seja para informá-los da impossibilidade comercial;

- fornecer sempre mercadoria correspondente às amostras enviadas;

- utilizar linguagem comercial adequada ao produto;

- lembrar que as formas de propaganda e publicidade de um produto devem estar em perfeita harmonia com as particularidades de cada mercado, já que o sucesso de uma campanha de promoção depende, em grande parte, dessas observações. Cada mercado tem seus usos e costumes;

- cumprir rigorosamente os prazos estabelecidos nas negociações;

- não correr riscos — desenvolver as operações com as garantias do mercado externo.

Um plano estratégico deve ser colocado em ação quanto a um possível aumento de vendas, considerando a capacidade instalada da empresa, pois um fato deve ser levado em conta: se o produto for bem recebido no mercado, a empresa deve estar preparada para o aumento de produção.

Comportamentos organizacionais, análise de capacidade, identificação de investimentos necessários, compreensão de outras culturas, adaptação da empresa e seus produtos também fazem parte do processo de se introduzir em outros mercados.

1.15 O departamento de negócios internacionais

Este talvez seja um aspecto complicado que pode enfrentar uma empresa exportadora ou importadora se as pessoas que comporão esse departamento não estiverem devidamente preparadas para as diversas atividades que são exclusivamente inerentes aos negócios com o exterior.

GLOBAL BUSINESS: VOCÊ ESTÁ PREPARADO?

A função da gestão de recursos humanos deve contribuir com o processo da melhor escolha como um fator fundamental sobre o que apoiar para os negócios internacionais. As pessoas que atuarão devem ter um perfil de flexibilidade, de negociação, capazes de entender rapidamente as necessidades da empresa.

Os profissionais que fazem parte dessa área da empresa devem, naturalmente, ter uma especialização na atividade, além de uma experiência adequada; caso contrário, pode haver riscos e prejuízos pelo despreparo, tanto da empresa como deles próprios. Deve-se levar em conta que o comércio exterior brasileiro sempre foi muito dinâmico e que, a partir de 1990, grandes e constantes mudanças ocorreram, e não deixarão de ocorrer, em virtude dos acordos internacionais celebrados pelo país.

Não existe um modelo ideal de organização para um departamento de exportação, porém sua conformação final vai depender muito do tamanho da empresa e de seus objetivos com a atividade. As funções poderão ser exercidas por um coordenador que absorverá todas as atividades — desde contatos internacionais até o recebimento dos valores exportados — ou por um grupo de pessoas que dividirá as tarefas administrativas, operacionais e financeiras.

Outro modelo tem a figura de um gerente, a quem cabe manter contatos com o exterior e fechar negócios de acordo com os objetivos e as metas da empresa, enquanto um assistente assumirá a responsabilidade pelos procedimentos administrativos e operacionais, podendo contar com um auxiliar para as tarefas de apoio.

Ainda há o modelo em que poderá ser o departamento administrado por um gerente assessorado diretamente por um supervisor (normalmente um assistente com mais conhecimento técnico de comércio exterior), que tem sob sua responsabilidade alguns funcionários para o perfeito desenvolvimento das atividades de exportação.

Empresas também utilizam coordenadores, em substituição aos supervisores, observando logicamente o porte da companhia e sua atuação em exportação.

Há ainda empresas que, além de supervisores e assistentes, empregam também coordenadores, em razão do grande movimento de embarques regulares, que não podem sofrer atrasos nem admitem nenhum erro, em virtude dos compromissos assumidos.

Para as companhias que necessitam de um perfeito controle nas áreas administrativa, operacional e financeira, normalmente a função de um analista se encaixa muito bem, pois ele terá sempre a atividade de "filtrar" se todas as providências foram tomadas nos momentos certos e com os ajustes necessários.

As funções de um auxiliar sempre corresponderão às atividades de um funcionário que não tem a responsabilidade de "tomadas de decisão", pois isso naturalmente competirá aos ocupantes de cargos superiores. Em geral, as empresas utilizam auxiliares para atividades de menor responsabilidade técnica, ou seja, mais voltadas ao *follow-up* diário e à documentação. Claro está que não se deve exigir desses funcionários profundos conhecimentos de comércio internacional; é, isso sim, um trabalho preparatório para futuras funções com mais responsabilidade.

1.16 Decisões

As decisões sobre a estrutura da organização nos permitem visualizar uma parte do caminho do desenvolvimento de um departamento de comércio exterior.

Somente organogramas bem desenhados e elaborados e descrições dos cargos não bastam. As atitudes e as relações que determinam o modo como a organização funciona não aparecem nos organogramas e nas descrições de cargos, mas, caso isso aconteça, as linhas traçadas indicando as ligações entre os cargos ou as recomendações a favor da cooperação não garantem absolutamente que os colaboradores de fato trabalhem unidos pelo mesmo objetivo.

Quanto a essa questão, existem dois aspectos significativos: o primeiro diz respeito às relações que devem existir no departamento; o segundo, harmonia, na maior parte do tempo, entre os setores que estão direta ou indiretamente envolvidos. A gerência precisa obter também a cooperação de outros departamentos no processo de adaptação às necessidades da empresa.

As relações entre os responsáveis pela exportação e o restante da organização devem merecer tanta atenção quanto as existentes com os clientes.

Nas entrevistas realizadas com gerentes de importação/exportação durante os estudos, eles mencionaram com frequência as dificuldades encontradas para conseguir fazer com que os outros funcionários concordassem com o papel fundamental da importação ou da apropriação de recursos ou até dificuldade em ter pessoal suficiente para essa atividade. O estabelecimento de uma área de comércio exterior nem sempre é bem-recebido por outros setores da empresa, que podem considerá-la uma ameaça, um novo elemento de disputa, uma criadora de problemas, e, com isso, mostrar certa ignorância sobre os procedimentos que tinham a obrigação de conhecer e identificar.

A gerência de exportação tem a responsabilidade de evitar tais objeções, promovendo uma ampla discussão da política da empresa com todos os envolvidos, logo na fase inicial, explicando as obrigações de alguns departamentos para com os outros e treinando todos os funcionários que precisam adquirir novas aptidões.

Outro ponto importante é que a gerência deve estar sempre atenta às mudanças que venham a ocorrer na situação internacional, o que pode gerar alterações na estrutura do departamento com algumas características, tais como: o departamento de exportação ou o departamento operacional de exportação, ou ainda o departamento de comércio exterior.

No momento de contratar ou remanejar profissionais, as empresas geralmente fazem uma série de exigências em relação a habilidades, experiência e educação do candidato. Atributos como inteligência, maturidade e integridade costumam ser exaustivamente avaliados.

Nem sempre, porém, leva-se em consideração a personalidade do profissional, embora esse item possa ser decisivo para que um cargo seja adequadamente preenchido, ou um trabalho eficientemente executado — o que vale tanto para o *office boy* como para um executivo da empresa.

Fala-se muito, atualmente, em processos revolucionários de administração e automação. Parece que as empresas estão acordando também para a importância de conhecer os desejos, as necessidades e as motivações de seus colaboradores. Afinal, obter sucesso empresarial significa descobrir os desejos dos clientes e motivar os colaboradores a realizá-los.

É imperativo, por outro lado, que a empresa tenha claro o que espera de cada pessoa ou função. É preciso haver consciência de que o sucesso será mais difícil se, por exemplo, um funcionário com capacidade técnica de criação não tiver também uma personalidade propensa a mudanças. Quantas ideias boas não estão mofando nas gavetas? Por que as pessoas que as criaram não as colocam em prática?

Se conhecermos a personalidade dos indivíduos com quem trabalharemos, ou o estilo comportamental de uma equipe ou departamento, será possível estimular uma comunicação mais efetiva de resultados. Vale ressaltar que é responsabilidade dos líderes delinear o modo como essa comunicação é assimilada.

Se as pessoas com quem se trabalha são do tipo generalista, a comunicação deve ser abrangente. Com os minuciosos, convém ser mais detalhista, e a comunicação deve ser a mais objetiva e direta possível.

Existem no mercado várias opções de sistemas para auxiliar o empresário a fazer uma análise de desempenho de um candidato ou funcionário, de maneira precisa e com grande margem de acerto.

Denomina-se análise de 360 graus a que abrange o indivíduo isoladamente, seu inter-relacionamento em dada função com a empresa como um todo e seu comportamento diante da necessidade do cliente/mercado, bem como as metas da empresa, a estratégia da organização, o estilo de liderança do escalão superior, as características motivacionais dos subordinados e o tipo de relacionamento esperado dos colegas de trabalho.

Cedo ou tarde, as empresas terão de abrir bem os olhos para a importância da personalidade daqueles que compõem a organização. E é melhor que o façam o mais cedo possível, porque no mundo inteiro cresce a tendência para valorização do potencial humano.

O que antes chamávamos de comércio exterior tornou-se hoje economia global. E nesse universo, amplo e competitivo, buscar tecnologia de ponta não implica tão somente contratar profissionais bem treinados. Na nova ordem econômica, o que conta é o profissional adequado e bem-adaptado. Isso em breve será preponderante para o êxito ou o fracasso das empresas.

Profissionalismo continua sendo a credencial que garante a entrada e a permanência nos novos tempos, possibilitando ao ser humano atender à sua vocação natural, que é a de ser feliz e ter sucesso.

Por que é tão difícil encontrar profissionais? Por que as empresas procuram com uma lupa pessoas que realmente atuem com profissionalismo?

A grande revolução está na essência do que hoje significa ser profissional. A velocidade das mudanças foi absorvida pelo homem e pela sociedade na área tecnológica, que é importante e irreversível, mas dita novos códigos, muitos dos quais chegam sem "manual de instruções", desafiando o homem e as empresas a mergulhar em um território quase inexplorado: o ser humano holístico.

O primeiro e grande desafio do novo profissional é aprender a ser. O olhar e a atitude, além de estar "antenados" no mundo e em tudo que evolui, precisam agora se conectar à matéria-prima que dá sustentação a todo o desenvolvimento: o autoconhecimento.

Tornar-se esse novo profissional exige coragem, escolhas diferentes e uma viagem para a qual não há bilhete disponível em nenhuma companhia aérea. É uma viagem para dentro de si mesmo, para se descobrir como ser holístico, sistêmico, que tem corpo, mente, alma e cujas linguagens hoje entram para o cenário empresarial e compõem o perfil do profissional do terceiro milênio.

Entendido antes como sinônimo de capacidade e conquistado pelas novas habilidades e conhecimentos, ser competente, hoje, exige um percurso mais amplo. É preciso ser competente em todos os papéis que se vivencia: cidadão, filho, pai, mãe, mulher, marido, namorado, namorada e profissional. É necessário ter uma missão pessoal, saber a que se veio a este mundo, e é indispensável demonstrar tudo isso nos traços comportamentais, transmitidos por nossa linguagem corporal.

Entender esse novo conceito e ter atitudes competentes nos remete ao ponto de partida: desenvolvermo-nos de maneira total, erradicando as formas segmentadas que durante muito tempo privilegiaram nosso lado racional em detrimento do emocional, que hoje faz a diferença.

Outro desafio que a competência exige é a grande lacuna nos dias atuais: congruência. Ser profissional hoje exige que aprimoremos esse comportamento. Congruência é ser e fazer de maneira sintonizada e harmoniosa. É dar e ser exemplo do que se fala. É conquistar credibilidade com atitudes.

Não importa tanto o que o profissional faz. O que marca é como faz, pois o segredo do "como" surge com a própria descoberta, com agregar valor ao que se faz, equilibrando o lado técnico com o lado humano, desenvolvendo a flexibilidade e tendo percepção para fazer uma receita diferente para cada situação, para cada cliente.

Ser profissional hoje é ser exemplo de qualidade. O que caracteriza a marca do profissional é ter qualidade dentro da empresa, pois assim todos os ensinamentos de excelência são assimilados e percebidos pelo cliente, pelo mercado.

Uma nova gramática faz parte da bagagem desse profissional. Termos como "eu" ou "ter" saem de cena. No seu lugar entram novas palavras e, mais que isso, novas atitudes: "nós", que privilegia o trabalho em equipe e agrega, em vez do "eu", que restringe e segmenta. Surge um ser que passa a representar o grande diferencial e a fonte inesgotável para viver plenamente, sendo profissional em todos os papéis.

Profissionalismo no terceiro milênio é um processo ininterrupto de aprendizagem, onde aprender é a lei. O leque de aprendizagem se amplia. Os professores estão em toda parte: ao nosso lado, na nossa casa, na rua, nas empresas, no universo.

1.17 Gerenciamento em comércio exterior

Existem dois sistemas gerenciais: o mecânico, mais formal e baseado em grande parte em controle autoritário; e o orgânico, menos formal e especializado, baseado menos em autoridade e mais em compromisso com os objetivos gerais.

As empresas que adotaram o sistema mecânico o consideraram mais apropriado para mercado em condições tecnológicas estáveis. O orgânico demonstrou ser mais eficaz no caso de adaptação a mudanças rápidas de situação da empresa.

Pode ser que as organizações mecânicas sejam mais apropriadas para o mercado interno, e os sistemas orgânicos sejam melhores para as empresas enfrentarem as mudanças de comportamento e as incertezas dos mercados internacionais. As razões da obtenção de sucesso, em graus variados, nesses mercados por empresas aparentemente iguais podem ser encontradas nas diferenças características das organizações.

O diagnóstico resultante do exame das políticas e dos planos de marketing internacional já estabelecidos e de suas implicações com respeito às tarefas pode servir de base para as tomadas de decisão. A proporção em que a estrutura da organização existente e seu pessoal são capazes de arcar com o aumento de trabalho também precisa ser verificada. Isso facilita a decisão sobre o primeiro problema importante.

1.17.1 Gerência de exportação

O conceito básico dessa gerência é colocar-se sempre à disposição dos clientes, dos potenciais mercados, no sentido de acompanhar constantemente a evolução do produto, dos mercados, dos concorrentes, do comércio internacional, dos incentivos fiscais e financeiros, dos preços praticados internacionalmente, dos prazos de entrega e de pagamento, da qualidade do produto e dos fluxos das operações — por meio de uma filosofia criada pela empresa com relação aos mercados externos e da gestão organizacional que essa área exige.

1.17.2 Gerência de importação

Quanto a essa gerência, o objetivo é conseguir um maior número de opções de compra, dentro dos níveis de qualidade, preços, prazos de entrega desejados, além das condições de pagamento que poderão modificar sensivelmente o preço final do produto, considerando também o melhor aproveitamento dos incentivos fiscais propiciados pelo governo.

Outro ponto relevante da atuação da gerência é estar sempre atualizada sobre o sistema de importação adotado pelo governo com relação aos produtos adquiridos pela empresa.

Apesar da grande abertura que o Brasil teve a partir de 1990 — quando as empresas puderam importar máquinas, equipamentos, insumos e bens de capital com reduções e até isenções tarifárias, além de participar do Mercosul e de outros acordos internacionais por meio da globalização —, há de se entender que nossos governantes sempre procuram adotar uma política de comércio exterior que não prejudique a indústria nacional e ao mesmo tempo não fique à margem do comércio internacional, razão pela qual tanto a tarifa aduaneira como as normas do Banco Central do Brasil sofrem alterações constantes.

1.17.3 Desenvolvimento gerencial

Pelos atuais conceitos, os gerentes são constantemente instados a mostrar resultados concretos de suas áreas, e, por muitas vezes, imediatamente e em tempo recorde. Isso é natural e não vai mudar tão cedo. Esses resultados são absolutamente necessários para a saúde dos negócios da empresa, pois, em comércio internacional, nosso país nos últimos anos reformulou completamente os sistemas administrativos e operacionais, com a implantação do Siscomex.

Em razão da complexidade e do volume de informações que são administradas e utilizadas na gestão internacional dos negócios da companhia, o "herói" que tenta resolver tudo sozinho fica totalmente vulnerável e pode se tornar improdutivo. Assim, os resultados têm de ser alcançados com a ajuda de outras pessoas: subordinados, superiores e parceiros. Difícil, não é?

Processo exaustivo e incerto esse de conhecer, ouvir, motivar, ajudar, treinar, compreender, criticar e acompanhar os outros. É uma tarefa de grande envergadura, que demanda um novo perfil de gerente: aquele que está no "nó" organizacional, que exige visão, trabalho e relacionamento simultâneos e equilibrados nos 360 graus à sua volta. E, por estar no centro desse círculo, o indivíduo fica sujeito a uma observação contínua e crítica, não podendo descuidar de nenhum aspecto. Seu comportamento e seus conhecimentos estão em constante julgamento.

A compreensão plena do negócio em que atuam, em todas as suas facetas e atividades, e o autoconhecimento, envolvendo a personalidade e as tendências de comportamento e abordagem, tornaram-se imperativos não apenas para o crescimento, mas também para a sobrevivência desses profissionais. O conhecimento técnico das atividades, que antes era o foco das habilidades requeridas, hoje é apenas um pressuposto básico do qual se parte para a avaliação das outras capacidades citadas anteriormente.

As organizações já estão profundamente empenhadas em proporcionar a seus dirigentes o preparo adequado para responder a essa demanda. Programas de desenvolvimento gerencial são buscados ou montados dentro das empresas (cursos *in company*). Estratégia, competitividade, liderança, formação de equipes e controle gerencial são exemplos dos ingredientes desse coquetel moderno e objetivo na busca de resultados. A valorização implícita dos profissionais a quem se destina essa movimentação é muito motivadora e resulta em vibrante sinergia entre organizadores, treinadores e treinados.

De fato, o tratamento desses fatores tem um quê de celebração da inteligência humana que é sempre muito gratificante. A combinação de visões estratégicas de negócio com habilidades no trato com pessoas abre um universo amplo e desafiador, de muitas oportunidades e riscos.

Enfrentar esse desafio faz o indivíduo crescer. O crescimento o satisfaz em suas mais íntimas necessidades e o torna capaz de lidar com as necessidades dos outros e focalizar com lentes mais amplas o meio em que vive. Sentir-se capaz de ousar e buscar novas vitórias acende a paixão de que nós, seres humanos, somos dotados, mas que, na maior parte do tempo, mantemos escondida pelo medo do fracasso ou da rejeição. Conviver com imperfeições nossas e dos outros, buscando o equilíbrio inteligente entre capacidade e carência, é por si só uma grande vitória.

O desenvolvimento gerencial, apesar do nome, não é um privilégio dos gerentes, mas de qualquer dirigente. Na verdade, todos os indivíduos, em diferentes escalas, estão sentindo necessidade de desenvolvimento. Essa necessidade, quando relativa aos membros da equipe do dirigente, aparece em grande parte como tarefa dele próprio, ao delegar, ensinar, treinar, acompanhar, estimular, corrigir e apoiar. Para fazer bem esse trabalho, ele precisa investir continuamente em seu próprio desenvolvimento.

GLOBAL BUSINESS: VOCÊ ESTÁ PREPARADO?

Os profissionais especializados em treinamento e desenvolvimento têm um papel fundamental, pois a eles cabe analisar as necessidades de planejar o desenvolvimento, buscar programas e administrar a execução do planejado.

Nobre é, portanto, a missão dos professores, instrutores, monitores e demais profissionais envolvidos na tarefa de oferecer programas de desenvolvimento profissional. Essa missão é também gratificante quando se vê o dirigente retornar às atividades do negócio fortalecido e encorajado pelo conhecimento adquirido e realizar mudanças em sua organização. O desenvolvimento gerencial sempre foi necessário, mas hoje se tornou imperativo.

1.18 Atividades e especialidades

Com relação às atividades de exportação, deve-se levar em consideração que as operações de venda e compra são sempre e inevitavelmente distintas.

As atitudes de uma pessoa que vende são distintas das atitudes daquela que compra, além das especializações que existem em cada área, razão por que o comércio exterior é bastante dinâmico em um país em desenvolvimento.

Os níveis de atividades e tendências das áreas de exportação e importação são totalmente diferenciados, por isso cada gerência toma sempre como pontos de partida alguns elementos básicos, como:

- estudos e investigações de mercados;
- estratégia de marketing;
- desenvolvimento de produtos;
- adaptação de produtos aos mercados;
- viabilidade de preços;
- estudos sobre transportes e seguros;
- criação de fluxograma organizacional;
- promoção internacional da empresa;
- desenvolvimento de negócios;
- acesso a fontes de informação comerciais;
- logística internacional das operações.

1.19 Inteligência nas empresas

Vivemos em um mundo que cada vez mais nos cobra o uso de nossas inteligências, tais como emocional, racional, coletiva e relacional, mas para isso acontecer de maneira saudável, temos de usar a razão para podermos reconhecer, entender e avaliar cada acontecimento e escolhermos o melhor caminho.

Convém observar que quando uma sociedade entra em conflito com seus próprios conceitos, discordando de seus líderes, volta às suas origens primitivas, buscando nos animais atenção, carinho e fidelidade.

Diante das novas necessidades de gestão nas empresas, os gestores necessitam repensar seus comportamentos e entender o mecanismo de suas sinapses (junção articulada do pensamento com os neurotransmissores), para que haja equilíbrio durante a jornada de trabalho, que, aliás, corresponde a 80% de nossa vida, ou seja, vivemos mais dentro do que fora das empresas.

1.19.1 Inteligência relacional

Na vida, as pessoas ainda sofrem para criar laços que realmente valham a pena — a chamada inteligência racional, na qual se vê cada vez mais, nesta terceira década do século XXI, uma necessidade de habilidades profissionais iniciada pela inteligência emocional que Daniel Goleman, em 1995, começou a retratar como uma nova forma de vida nas empresas e na sociedade.

Essa nova inteligência é uma espécie de *networking* objetivo, que se vale dos relacionamentos para gerar inovação, aprender e alcançar resultados com mais rapidez e qualidade; é uma das habilidades mais importantes deste século, pois une sabedoria, informação e dados para resolver problemas em todas as áreas.

Essa nova inteligência se divide em cinco atitudes:

1. Curiosidade: explorar diversos ângulos de um problema em busca de novas perspectivas;

2. Combinação: reunir diferentes ideias, recursos e produtos e combiná-los para criar conceitos;

3. Comunidade: criar excelentes relacionamentos no ambiente, assim como se conectar com diferentes pessoas para desenvolver novas ideias;

GLOBAL BUSINESS: VOCÊ ESTÁ PREPARADO?

4. Coragem: excluir conversas inúteis e procurar encorajar esse comportamento nas equipes de trabalho;

5. Combustão: mobilizar e encorajar por meio de comunicação e obter resultados e pensamentos diferentes.

Essas observações servem de estímulos para que funcionários, em geral, tenham a percepção de que coletivamente as inteligências e competências produzirão não só o crescimento das empresas, mas também seu próprio desenvolvimento profissional, tornando o ambiente do comércio exterior, no qual convivemos com culturas diferenciadas, mais agradável e com uma "visão holística da globalização".

A empresa deve buscar o melhor modelo organizacional para sua área de comércio exterior. Sua conformação deve depender muito de seu tamanho e de seus objetivos com a atividade. A compreensão plena do negócio em que atua, em todas as suas facetas e atividades, e o autoconhecimento, envolvendo a personalidade e as tendências de comportamento e abordagem, tornaram-se imperativos não apenas para o crescimento empresarial, mas também para a evolução desses profissionais.

Um bom gerenciamento e a busca sempre aprimorada em relação aos mercados farão com que a empresa venha a ter o sucesso esperado. Deve-se levar em conta que com o intenso convívio social nas empresas, o uso do equilíbrio por meio dos tipos de inteligência pode proporcionar, tanto aos colaboradores quanto aos departamentos, um desenvolvimento mais profissional.

1.20 O departamento internacional na empresa

As unidades de negócios agrupam todas ou a maior parte das atividades — marketing, produção, tecnologia, compras, vendas, recursos humanos.

Uma divisão autônoma, tanto estratégica como operacionalmente, cujo compromisso é atingir resultados econômicos, financeiros e mercadológicos definidos previamente com a alta direção da empresa.

O modelo é aplicável aos negócios de uma empresa tanto local quanto internacionalmente, podendo ser utilizado também em níveis mais baixos da estrutura organizacional, na forma de subdivisões. E, dadas suas características — grande autonomia de seus responsáveis, atuação isolada e competitiva entre elas —, as unidades de negócios tendem a orientar a gestão para resultados de curto prazo.

Diante desses fatos, a cultura organizacional para a estrutura deve seguir os princípios da *missão* e *visão* da empresa.

Existem vários tipos de departamentos de comércio exterior, conforme os gráficos que apresentaremos a seguir.

1.20.1 Aspectos básicos

Cada empresa tem uma forma própria e específica de operar e de se estruturar, que define o teor e as modalidades das relações formais e informais entre os indivíduos, as áreas funcionais e a unidade internacional. É com essa visão que a estrutura do departamento deve seguir com suas responsabilidades.

Organograma 1 – Departamento de Exportação

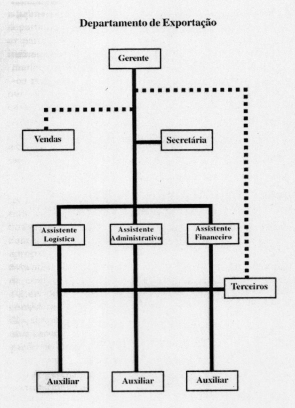

Fonte: o autor

Organograma 2 – Departamento Operacional de Exportação

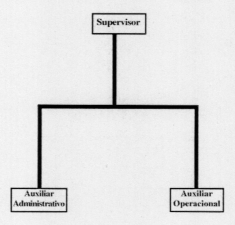

Fonte: o autor

Organograma 3 – Departamento Operacional de Importação

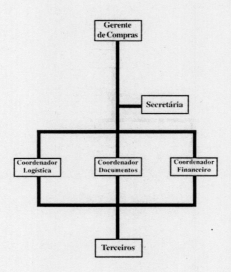

Fonte: o autor

Organograma 4 – Departamento de Importação com Supervisor

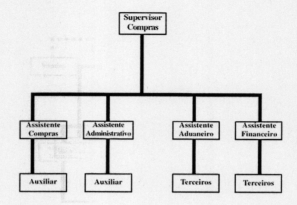

Fonte: o autor

Organograma 5 – Departamento de Importação e Exportação (Impex)

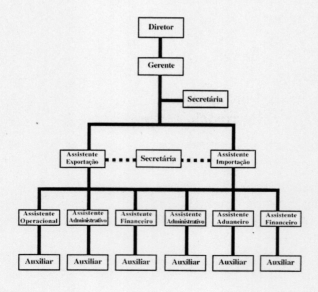

Fonte: o autor

1.21 A importância dos colaboradores

Fala-se muito em processos revolucionários de administração e automação. Parece que as empresas estão acordando também para a importância de conhecer os desejos, as necessidades e as motivações de seus colaboradores. Até porque, como dizia um sábio homem de negócios: "Obter sucesso empresarial significa descobrir os desejos dos clientes e motivar os colaboradores a realizá-los".

1.22 Os mercados estão mais exigentes

Este mundo globalizado tem levado filósofos, religiosos, educadores, autoridades e especialistas a repensar nosso presente e, principalmente, nosso futuro no que tange ao bem-estar do homem e ao destino que lhe é reservado.

É certo que boa parte da responsabilidade de levar o homem ao futuro, com uma base sólida e saudável de vida, repousa sobre a educação. Já se fala sobre uma educação permanente, que possibilite ao homem uma visão cósmica e seguidamente atualizada, que o habilite a se inserir numa *civilização global*.

Com efeito, o homem seria preparado não só para uma formação cultural voltada para o meio em que se encontra, mas também para a compreensão e a abertura de sua inteligência às imposições de outras culturas.

Compreendido esse fenômeno, analisemos esse homem colocado dentro do *mercado de trabalho*, que é o lugar de onde ele definirá, em última instância, sua posição na sociedade.

É irrefutável que a empresa global governa os mercados, os recursos e, sobretudo, as tecnologias. Os governos são hoje planejadores dos processos, mas não são seus gerenciadores ou seus provedores, porque, afinal, se o Estado financia alguma coisa, normalmente não a implementa, em razão de sua reconhecida inoperância.

É preciso, portanto, compreender que há uma guinada em pleno desenvolvimento. Nesse contexto, o especialista dentro das organizações está com seu ciclo de vida se encerrando, porque a formação desses profissionais é específica, linear e altamente repressora dos anseios genuínos de universalização e liberação do homem. Não obstante esses fatos, sejam quais forem os defeitos da globalização, uma qualidade emerge da sua trajetória. É a liberdade para o homem criar e produzir, o que provavelmente seja a essência da sua existência e do seu ser: o permanente aprimoramento.

Não há dúvidas de que todo o processo de transformação de costumes, de hábitos e de conceitos é demorado e, às vezes, doloroso. O que se nota, contudo, na atual conjuntura, é que as transformações, às quais nos referimos, estão se implementando de forma rápida e irresistível. Parece que todos, repentinamente, despertaram para a mesma realidade. O especialista está em baixa. O mercado precisa de advogados, engenheiros, médicos, contadores e administradores com capacidade para enxergar mais que as teorias e os conceitos específicos de suas profissões. Necessita de profissionais que compreendam a engrenagem poderosa da integração humana e intra-humana e enxerguem um pouco além de seus próprios narizes. O *humanismo existe e é forte*.

A não compreensão desse fenômeno certamente asfixiará qualquer profissional, por mais competente que seja. Com a mídia atuando fortemente sobre a sociedade, o cidadão poderá não dominar a flexão verbal, mas não será, sem dúvida, um tolo. Nesse sentido, o chefe já não é o dono da verdade, como também não o são o professor, o pai, o diretor ou o presidente. Temos, pois, a redenção do homem como ser livre, inteligente e superior. Os despreparados devem se precaver.

Aliás, Monteiro Lobato já dizia que "especialista é aquele que conhece mais e mais sobre menos e menos".

A cultura organizacional é de grande importância na forma como uma empresa se estrutura, pois ela constitui um mecanismo de controle comportamental e difunde normas e valores que definem "a maneira como as coisas são feitas".

Cada empresa tem uma forma própria e específica de operar e de se estruturar, que define o teor e as modalidades das relações formais e informais entre os indivíduos, áreas funcionais e unidade internacional. É com essa visão que a estrutura do departamento deve seguir com suas responsabilidades.

1.23 Administração internacional

Em termos de Administração, cronograma é uma representação visual ou textual de um plano ou programa de atividades organizadas em ordem cronológica. Ele mostra as datas de início e término de cada tarefa ou evento, permitindo uma visão total e clara do progresso e da sequência das atividades durante o período do processo.

É uma ferramenta fundamental no gerenciamento do que se pretende no planejamento e execução ou qualquer informação necessária para o desenvolvimento das atividades de um período determinado.

GLOBAL BUSINESS: VOCÊ ESTÁ PREPARADO?

O cronograma pode ser representado em diferentes formatos, como tabela, diagrama, gráfico. Essas representações mostram as atividades de um projeto, duração, interdependência com outras áreas do processo.

O resultado desse estudo é fazer com que todos os departamentos envolvidos estejam perfeitamente a par dos procedimentos, das atividades e das decisões que se fizerem necessários, para que não haja surpresas por desconhecimento.

1.23.1 Estudo de caso de exportação

Uma indústria devidamente registrada e autorizada a praticar atos de comércio exterior, por meio de seu Departamento de Vendas Internacionais, identifica um potencial comprador de seus produtos no exterior.

Após tratativa comercial, aceita o compromisso de exportar sem consultar o Departamento de Produção. Deixa também de consultar o Departamento Operacional de Exportação e igualmente não dá ciência ao Departamento Financeiro.

Assume o compromisso internacional de acordo com as necessidades do importador, o qual providencia abertura de uma carta de crédito com validade de 30 dias para embarque e 40 dias para negociação dos documentos.

Ao receber o pedido, o Departamento de Produção informa que, de acordo com sua programação, só poderá atender àquela venda no prazo de 50 dias.

Ao ser comunicado pelo banco, o Departamento Financeiro retira a carta de crédito e observa que em seus controles não consta aquela venda.

Por sua vez, o Departamento Operacional de Exportação, após receber cópia da carta de crédito do Departamento Financeiro, informa que, depois de profundas pesquisas, não terá condições de embarcar o pedido, em virtude da frequência de navios, mesmo que o Departamento de Produção cumpra prazo menor.

Resultado:

- O cliente prorroga a carta de crédito repassando o custo bancário e o custo financeiro por falta de compromisso do exportador.

- O cliente passa a ter dúvidas em relação aos próximos negócios.

Com um cronograma implantado, o resultado teria sido outro, como este:

- O Departamento de Vendas Internacionais consultaria o Departamento de Produção para saber em quanto tempo o pedido estaria pronto.

- Com base nos dados anteriores, o Departamento Operacional de Exportação teria feito uma pesquisa sobre as datas de partida dos possíveis navios.

- O Departamento de Vendas Internacionais informaria corretamente o importador, que providenciaria a carta de crédito com prazos maiores.

- O importador não teria surpresas desagradáveis e planejaria essa compra de forma diferente.

- O Departamento Financeiro poderia administrar melhor o *cash flow*, no sentido de atender a possíveis compras de matérias-primas, embalagens etc.

1.23.2 Fluxograma

É uma representação gráfica e visual de um processo, procedimento ou sistema, para ilustrar a sequência das etapas ou atividades envolvidas.

É utilizado para descrever de forma clara como um processo está funcionando, destacando os pontos de decisão, os fluxos de trabalho e interações entre os setores envolvidos, em diferentes momentos. Parte superior do formulário

1.24 Estudo de caso de importação

Ao Departamento de Suprimentos é solicitado pelo Departamento de Produção efetuar a compra de determinada matéria-prima que, de acordo com estudos efetuados, foi aprovada pelo Setor de Controle de Qualidade.

De posse de uma *proforma Invoice*, enviada pelo exportador, cujo modo de pagamento é cobrança bancária à vista, o Departamento de Importação providencia uma planilha de custos; logo após a análise, a compra é aprovada, e ao exportador é solicitado que não embarque sem o *green light* (GL), número de referência utilizado para cada processo de importação.

Até então, o Departamento Financeiro desconhecia tudo.

Em um determinado momento, o Departamento de Importação recebe um fax do exterior com a informação de que o embarque já pode ser realizado. Em razão de normas do Secex/Decex, o produto, para ser embarcado, precisa estar amparado por Licenciamento de Importação (LI) por meio do Siscomex. Tomadas as devidas providências, o embarque é autorizado.

Passados alguns dias, o Departamento de Importação recebe uma comunicação de um banco informando que há documentos em seu poder para serem retirados contra pagamento.

De imediato, passa essa informação ao Departamento Financeiro, solicitando urgentes providências para que, de posse dos documentos originais, possa, por meio da Comissária de Despachos, iniciar o processo de nacionalização dos bens importados.

Nesse meio tempo, o Departamento de Suprimentos, que foi o responsável pela compra do produto no exterior, informa ao Departamento de Importação que a linha de produção poderia parar por falta de material.

Ao ser notificado sobre esse fato pelo Departamento de Importação, o Departamento Financeiro informa que está buscando recursos financeiros, pois já tinha vários compromissos de pagamento.

Resultado:

- O Departamento de Produção teve suas atividades paralisadas por falta de matéria-prima e não conseguiu cumprir seus compromissos.

- O Departamento de Vendas do Mercado Interno teve sérios problemas com seus clientes, tendo inclusive alguns pedidos cancelados.

- O Departamento Financeiro teve de financiar aquela importação.

Com um cronograma implantado, o resultado teria sido outro, como este:

- Ao negociar com o exportador, o Departamento de Suprimentos deveria ter o conhecimento das reais necessidades do Departamento de Produção para que aquela compra pudesse ser realizada sem riscos em relação ao estoque mínimo.

- Ao ter a compra aprovada, o Departamento de Importação deveria ter informado o Departamento Financeiro sobre esse futuro embarque.

- Com base nessas informações, o Departamento Financeiro passaria a ter essa futura importação em seu *cash flow*.

- Os custos daquela importação não teriam sofrido alterações. Com o financiamento não previsto, valores tiveram de ser absorvidos, pois nem sempre se consegue repassar custos.

- Os clientes nacionais não teriam surpresa de última hora por não terem seus pedidos entregues de acordo com o planejado.

- Em razão de atrasos na entrega e cancelamentos, o faturamento da empresa refletiu diretamente no *budget*.

Com base nesses *cases*, podemos verificar o grau de importância de ter na empresa um cronograma, que ao ser implantado passa a exercer um elo entre os usuários da exportação ou da importação, que naturalmente passam a exigir "informações com qualidade".

O Departamento de Importação deverá sempre estar muito atento aos custos que inicialmente foram projetados, não deixando de passar informações sobre os compromissos de pagamentos ao Departamento Financeiro, além de acompanhar o processo quanto aos tempos das fases de nacionalização, ou internação, do produto.

Além disso, é importante também salientar as seguintes necessidades de gerenciamento. Uma observação: para que se possa detalhar um fluxograma, utilizaremos um modelo com um departamento de suprimentos para efetuar compras internacionais e um setor de importação para operacionalizar o embarque. Poderíamos também utilizar o próprio setor de importação para compras internacionais, porém, com o modelo escolhido, teremos mais opções de abrir o fluxograma.

Entre o Departamento de Produção e o Departamento de Suprimentos — realizar estudo detalhado sobre as reais necessidades com relação a:

1. Bens a serem importados;

2. Fornecedores;

3. Estoque mínimo entre Departamento de Suprimentos e Departamento de Importação;

4. Análise sobre tratamento administrativo, aduaneiro e cambial entre Departamento de Suprimentos e fornecedor (exportador);

5. Estudo de possibilidades (prazos, preços, condições) entre Departamento de Suprimentos e Departamento de Importação;

6. Estudo sobre "planilha de custos" e aprovação entre Departamento de Importação e Departamento Financeiro sobre condições de pagamento, cartas de crédito e bancos;

7. Departamento de Importação e fornecedor (exportador) sobre instruções de embarque de acordo com o termo de comércio utilizado (Incoterms);

8. Departamento de Importação e comissária de despachos — caso a empresa ainda não tenha instalado o Siscomex, e também para o processo de nacionalização dos bens importados;

9. Departamento de Importação e corretora de seguros para contratação do seguro;

10. Departamento de Importação e Departamento Financeiro, a partir do embarque no exterior para as providências relativas aos pagamentos de fretes, impostos, taxas e serviços contratados;

11. Departamento de Importação e Departamento Financeiro, para previsões de pagamento de impostos, taxas e serviços contratados sobre os bens importados.

Para todos esses passos e segmentos, a empresa deve, mediante a criação de um cronograma (mencionado anteriormente), ficar atenta para que todas as informações fluam de forma natural e dentro dos tempos exatos.

Tão importante quanto a organização de um departamento é a implantação de um cronograma organizacional, no qual todos os setores da empresa estarão posicionados com seus conhecimentos e responsabilidades nos negócios de exportação e importação que serão realizados.

Um fluxograma definirá claramente quais atividades estão sob o encargo de cada um dos setores, no momento exato de sua necessidade.

O sucesso do negócio dependerá também do sucesso de todos os envolvidos.

1.25 Os mercados

A pesquisa de mercados internacionais constitui um método bastante correto. "Analisar antes de investir" é determinar quais são os mercados potenciais.

Ao planejar o trabalho de pesquisa, deve-se levar em conta o problema que originou a busca, o tipo de informação requerido e sua profundidade, a veracidade da fonte de informação, assim como evitar as distorções ideológicas que podem afetar a pesquisa.

A confiabilidade da fonte de informação avaliza grande parte dos resultados do trabalho de investigação. As fontes de dados dividem-se em:

a. Fontes secundárias: tratam de informações divulgadas por diferentes órgãos públicos e privados.

b. Fontes primárias: a informação satisfaz as inquietudes particulares não resolvidas, e os contatos se realizam diretamente.

Claro está que o reconhecimento e a seleção do mercado exigem uma visita de caráter técnico-comercial, para que se chegue a conclusões e estratégias ajustadas à realidade dos mercados.

Antes de contratar um serviço de consultoria de estudos de mercados ou de iniciar uma viagem de negócios, é importante realizar uma prospecção pela própria empresa a fim de tomar decisões com conhecimento de causa.

O esquema básico de um trabalho de investigação de mercado internacional pode ser organizado em quatro partes:

1. O mercado em si mesmo: nesse momento se detalham os dados gerais e introdutórios do país analisado, ou seja, forma de governo, indicadores econômicos, estrutura econômica, planos de desenvolvimento governamental, meios e facilidades de comunicação e transporte, além do comércio exterior praticado pelo país.

2. Acesso ao mercado: aqui se trata de constatar as características da política geral das importações, as formas de autorização, o sistema tarifário e aduaneiro para o produto que se pretende exportar e os fatores que afetam o mercado internacional.

3. Fatores de comercialização: deve-se analisar o consumidor em suas variáveis de consumo mais relevantes, assim como os fatores logísticos e documentários, de pagamento, de distribuição física e métodos de promoção disponíveis.

4. Conclusão: para as tomadas de decisão, não se pode analisar todos os itens anteriores de forma individual, e sim em um pacote de

estudos e de viabilidades. A obtenção de êxito ou fracasso dependerá muito dessa gestão.

1.25.1 Diferentes tipos de pesquisa

Podemos analisar os seguintes:

- De acordo com os tipos de dados utilizados:
  - » estudos por empresas de pesquisa;
  - » estudos de campo;
  - » estudos mistos.
- De acordo com a técnica de aplicação dos dados:
  - » estudos de forma;
  - » estudos de fundo;
  - » macroestudos;
  - » microestudos;
  - » estudos de observação;
  - » estudos por simulação.
- De acordo com sua função:
  - » estudos de descrição;
  - » estudos de exploração;
  - » estudos de explicação;
  - » estudos de prognóstico;
  - » estudos de controle.
- De acordo com termos específicos:
  - » estudos qualitativos;
  - » estudos quantitativos;
  - » estudos qualiquantitativos.
- De acordo com as áreas solicitadas:

- » estudos sobre produtos;
- » estudos sobre consumidores;
- » estudos sobre mercados de demanda;
- » estudos sobre canais de comercialização;
- » estudos de distribuição;
- » estudos de promoções;
- » estudos de publicidade.

1.25.2 Bases de estudos de mercados

- Dados gerais sobre o país analisado:
  - » população: urbana, por idade e sexo;
  - » rural: taxa de crescimento;
  - » taxa de crescimento urbano/rural: dados dos últimos cinco anos;
  - » principais cidades: número de habitantes;
  - » idioma;
  - » moeda utilizada e tipo de câmbio em relação ao dólar;
  - » renda *per capita*;
  - » produto interno bruto: participação por setores;
  - » principais atividades econômicas;
  - » participação do produto no ramo industrial.
- O produto:
  - » nome: técnico, científico ou comercial;
  - » descrição e uso;
  - » concorrência: descrição dos produtos nacionais e importados vendidos no mercado, assim como preço, origem, embalagem, apresentação;
  - » campanhas publicitárias desenvolvidas pelos concorrentes, tipos de mensagens e meios utilizados;
  - » estratégias seguidas pelos países exportadores.

- O consumidor:
  - » identificação dos consumidores em grandes grupos. Características dos consumidores quanto a:
  - » local de compra;
  - » preferência por determinadas marcas;
  - » preferência acerca da apresentação do produto;
  - » uso do produto;
  - » questões raciais, religiosas, sexuais, políticas;
  - » serviços oferecidos pelos fabricantes concorrentes;
  - » tendência do mercado consumidor, principalmente quanto a produtos importados.
- Consumo do produto:
  - » dados relativos aos últimos cinco anos em volume e valor total *per capita* (se possível);
  - » dados por zonas;
  - » tendências e projeções do consumo total;
  - » relação entre o consumo e o produto bruto industrial.
- Produção do país analisado:
  - » dados dos últimos cinco anos em volume e valor;
  - » dados de produção por zona;
  - » relação entre a evolução e o produto interno bruto;
  - » características gerais dos produtos nacionais;
  - » tendências e projeções para os próximos anos;
  - » proporção do consumo total: evolução e projeção.
- Importações:
  - » dados dos últimos anos;
  - » principais países fornecedores;
  - » características gerais do produto importado;

- » relação entre os produtos importados e os nacionais;
- » tendências e projeções das importações;
- » evolução dos preços CIF dos produtos importados;
- » relação entre produtos nacionais e importados quanto a preço, variedade, apresentação, marca, qualidade;
- » análise das intenções de outros países com relação ao mercado.
- Canais de distribuição:
  - » diagrama da corrente de distribuição do produto. Descrição dos canais de distribuição:
  - » produtores: quantidade, identificação dos principais, formas usuais de comercializar seus produtos;
  - » mercado importador: funções dos importadores (agentes, representantes, consignatários etc.);
  - » modalidades de compra dos importadores, tais como:
  - » mercado atacadista: preços, condições, zonas de atuação;
  - » mercado minoritário: identificação dos mais importantes;
  - » mercado institucional: interesse manifestado pelo produto que se oferece.
- Promoção:
  - » feiras;
  - » eventos;
  - » exposições.
- Publicidade:
  - » pesquisa da mídia: rádio, TV, jornais, revistas etc.;
  - » audiência ou preferência;
  - » características da audiência;
  - » análise da circulação;
  - » apreciação dos meios.
- Regulamentações governamentais:

- » restrições;
- » cotas de importação;
- » contingenciamentos;
- » exigências documentais;
- » tarifas de importação;
- » classificação fiscal;
- » normas sobre o produto;
- » registros obrigatórios sobre o produto;
- » inspeções das mercadorias;
- » controle de preços na importação;
- » normas sobre embalagens, etiquetas, identificações;
- » normas sanitárias;
- » exigências por parte de órgãos intervenientes.

1.26 Feiras Internacionais e Rodadas de Negócios

A presença do exportador em eventos internacionais é um dos meios mais eficazes para fomentar a exportação de produtos e mercadorias para novos mercados ou ainda para manter os já conquistados. A concorrência nesse tipo de evento tem grande importância, já que é possível não só oferecer uma real capacidade produtora, mas também estabelecer contatos diretos com empresas importadoras de outros países e com eventuais usuários do produto.

É possível, também, conhecer e estimar os meios e procedimentos utilizados pelos fabricantes e comerciantes concorrentes, as características de suas técnicas, os sistemas publicitários que empregam, as exigências dos consumidores, as modalidades de mercado e muitos outros aspectos vinculados às possibilidades de colocação dos produtos que se deseja exportar.

Esses variados tipos de eventos podem ser organizados por câmaras de comércio, empresários, entidades de classe ou órgãos governamentais, o que não significa que outros interessados estejam impedidos de organizar eventos internacionais.

As feiras constituem mostras de caráter comercial que se caracterizam por sua curta temporada (em média uma semana). As exposições são mostras de caráter institucional, caracterizadas por ter sua sede variável, com duração entre dois e seis meses, acontecendo geralmente a cada quatro anos. Permitem livre acesso ao público e contam com a participação de vários países e empresas de importância internacional, com um objetivo fundamental: mostrar o nível tecnológico alcançado, as possibilidades turísticas, o desenvolvimento cultural, econômico, científico e desportivo dos participantes.

Todo empresário com o objetivo de se lançar às exportações pode se beneficiar visitando ou participando de feiras internacionais. Esses eventos são produtivos tanto para os expositores como para os visitantes. As razões são as seguintes:

- Conhecer agentes ou representantes comerciais. Muitos agentes visitam feiras internacionais em busca de oportunidades para representar novas empresas ou novos produtos. Não somente os agentes do país organizador participam dos eventos, muitos saem de seus países em busca de negócios.

- Aumentar as vendas e fazer contatos. Se uma empresa já tem seu agente e participa de uma feira, naturalmente ajudará a incrementar as vendas. Porém, se tem agente naquele país, mas não participa diretamente, indo apenas como visitante, terá a oportunidade de conhecer seus clientes ou ainda reforçar informações técnicas sobre seu produto. Sempre, para qualquer comprador, é muito importante conhecer pessoalmente seu fornecedor.

1.26.1 Provar um mercado

No início talvez não haja vendas, mas poderá saber a opinião dos visitantes ou ainda que tipos de correções ou adaptações poderá efetuar.

1.26.2 Conhecer os concorrentes

Caminhar pela feira, ver produtos, trocar e receber informações, colecionar catálogos, enfim, adquirir cultura sobre o que acontece não só com outras empresas, mas também no contexto geral dos mercados e produtos,

GLOBAL BUSINESS: VOCÊ ESTÁ PREPARADO?

além, obviamente, de descobrir os preços e as condições praticadas. Outro ponto importante é saber como se instalam os estandes e como fazem os expositores para atrair pessoas e realizar negócios.

1.26.3 Promover e efetuar vendas

Conhecer sistemas de promoção de vendas e de publicidade.

Participar de uma feira significa mostrar um produto que se pretende vender, mas para isso é necessário realizar uma pesquisa prévia do mercado, sabendo, por exemplo:

Quais os impostos praticados pelo país importador.

Qual o regime aduaneiro para aquele produto.

A existência ou não de facilidades de transportes.

Quais os preços praticados naquele mercado.

Qual o perfil do mercado para o produto.

Na realidade, essas são apenas algumas questões observadas. Muito importante é informar-se sobre alguns itens antes de fechar um contrato de participação em uma feira internacional, tais como:

Qual a área total da feira?

Que tipos de produtos serão expostos?

Os organizadores da feira têm boa reputação?

Qual o número registrado de visitantes nas feiras anteriores?

Quantas visitas comerciais ocorreram?

Quantas empresas participaram e de quais países?

Quais participantes expuseram produtos similares?

Qual o custo do espaço desejado para o evento?

Quais os serviços de apoio oferecidos no contrato?

Quais os custos para montagem do estande?

Esse tipo de investigação ajudará a decidir sobre a participação no evento. Também é possível obter dos organizadores informações sobre quais serão os participantes da feira, para que se possa definir, estrategicamente, como estar presente.

Com base na concorrência mundial, é de suma importância que a empresa faça uma grande investigação sobre suas reais possibilidades de atingir o mercado externo com produto e preços competitivos.

Essa investigação deve ser muito bem-elaborada, ampla e seguir os conceitos do marketing internacional. Por outro lado, a tomada de decisão de participar de uma feira internacional requer estudos sobre esse tipo de evento. Trabalhar agilmente no período da feira e continuar com os contatos depois constitui uma tarefa árdua para obter sucesso, pois nem sempre as vendas se efetivam durante ou logo após o evento.

1.27 Métodos de comercialização

Já estamos na terceira década do século XXI, que já está efetivamente marcada pela globalização. Ao observar claramente as inovações comerciais, sociais, econômicas, culturais e principalmente tecnológicas, as empresas não devem esperar mais mudanças de comportamento dos mercados para tomar suas decisões sobre de que forma devem agir em relação à comercialização com o exterior.

Todas essas inovações, em um ambiente dinâmico, esbarrarão no problema da educação e da capacidade profissional das pessoas. Para que o processo se desenvolva corretamente, a empresa deverá ser inovadora e totalmente aberta ao mundo exterior. Terá de investir pesadamente em seu pessoal, tanto em educação e desenvolvimento profissional como em criatividade e participação efetiva no trabalho.

1.28 Definir um método comercial

A importância dessa definição está relacionada empiricamente a dois sistemas autorizados em nosso país, ou seja, que a empresa negocie ou não com seus próprios meios. Senão vejamos.

1.28.1 Método indireto

A impossibilidade de implantar a área na empresa, seja por insuficiência de recursos, seja por dúvidas em relação aos investimentos — os quais poderão gerar retornos, mas nem sempre a empresa terá tempo para esperar —, em alguns casos, poderá levar a empresa a pensar em utilizar o método indireto. Isso significa buscar alternativas nas empresas comerciais especializadas nas atividades de exportação e importação. Elas, naturalmente, pesquisarão mercados, preços, viabilidades, operacionalidade, marketing, abertura de mercados, enfim, farão as vezes da empresa fabricante, mediante o pagamento de uma comissão previamente combinada pelo sistema de *over-price* (nesse caso o preço será divulgado apenas como "preço posto--fábrica", já com os tributos devidamente pagos).

1.28.2 Método direto

Por esse método, o fabricante do produto é o próprio exportador, ou seja, é o responsável pela comercialização, pelo embarque, pelo recebimento e por tudo que diz respeito à exportação, por estar devidamente registrado no sistema eletrônico determinado pelo governo. Nesse caso, o exportador está em seu próprio departamento e pode terceirizar algumas atividades operacionais.

A participação das pequenas e médias empresas no comércio internacional é muito maior do que se imagina. Isso se explica porque a simples presença de um vendedor, ou representante comercial de uma empresa que pretende exportar, pode significar a geração de novas ideias para aqueles que estão sendo visitados — seja pela apresentação de um novo produto ou, ainda, pelo referido produto não ser do conhecimento daquele que eventualmente pode estudar uma mudança de comportamento em sua linha de produção ou em seu tipo de comércio.

As oportunidades de importação surgem, em muitos casos, sem que se tenha tomado nenhuma iniciativa para a presença de um vendedor ou de um representante internacional.

1.29 Agenciamento comercial internacional

Contratar uma empresa no exterior para que desenvolva o mercado e efetue as vendas desejadas tem sido, nos últimos anos, a melhor maneira de colocar produtos em outros mercados a custo mais baixo e com mais rapidez e segurança.

Dadas as necessidades, e muitas vezes por desconhecimento das empresas com relação ao tema "exportação", seguem algumas informações que poderão orientar de forma mais clara o que vem a ser a contratação de um agente ou representante internacional que atuará em nome do exportador brasileiro em seu país.

1.29.1 Avaliação e escolha de agentes

Antes de entrarmos em qualquer consideração sobre a avaliação e a escolha de agentes de exportação, é preciso deixar claro que a denominação geral de "agente" é um tanto vaga, com uma tendência a generalizar o conceito de "agentes de exportação", nele englobando firmas e indivíduos que muito pouco têm em comum, tanto em termos operacionais como em matéria contratual. Seria, portanto, útil precisar e diferenciar os tipos de agenciamentos mais usuais, quer do ponto de vista do prestador de serviços, quer com relação aos problemas e às necessidades específicas das diferentes categorias e tipos de exportadores. Estes últimos frequentemente recorrem às mais variadas combinações de tipos de agenciamento, dadas as características específicas do mercado que se tem em mira, ou em função de particularidades de **marketing** deste ou daquele produto em relação ao mercado pretendido.

O exportador interessado em estabelecer contato direto com mercados externos pode fazê-lo mediante a nomeação de um agente local, ou de distribuidores em lugares-chave. A natureza da organização dependerá, como já se disse, do tipo de produto que se quer exportar e das características de cada mercado.

No caso de um distribuidor, é imprescindível saber de antemão se o candidato será realmente capaz de cobrir todo o mercado de maneira eficiente. É igualmente importante chegar a um acordo prévio sobre os métodos operacionais. Em alguns casos, o distribuidor poderá ser um importador exclusivo e, portanto, operará no mercado como atacadista.

Em outros, o distribuidor exigirá que o exportador financie os estoques no todo ou em parte, situação frequente quando se trata de produtos que requerem estoques de peças de reposição ou manutenção especial.

Igualmente, há situações em que o sucesso de uma operação de marketing se mede na razão direta da constância da oferta; atrasos de pedidos de compras podem simplesmente significar o alijamento do produto diante da oferta mais sistemática dos competidores. Apesar de situações de demanda constante, o distribuidor europeu, por exemplo, raramente está disposto a arcar com custos de manutenção de estoques.

1.29.2 Tipos de agentes

Vejamos, então, quais são os mais usuais tipos de agentes que atuam no comércio exterior:

1.29.2.1 Agente comissionado

O agente comissionado é possivelmente o tipo mais comum de agenciamento em mercados externos — sua remuneração se faz exclusivamente na base de comissões sobre vendas. O problema fundamental do exportador é o da **seleção**, se bem que as câmaras de comércio estão geralmente em condições de fornecerem listas de agentes de bom nome na praça. Entretanto, a decisão final está nas mãos do exportador, e a prática demonstra que o contato feito a distância, por meio de simples troca de correspondência, não produz bons resultados ou os resultados esperados.

Não é nada realista pretender que um agente opere com eficiência na base de lista de preços e de algumas amostras, seja qual for a qualidade e o preço do produto. É fundamental que, ao nomear o agente, o exportador visite o mercado para o qual exportará, assim como é importante que o agente visite o país do exportador, a fim de se familiarizar com os métodos de produção e a administração da empresa que representará.

Um agente não deve ser considerado nem tratado como um nome num contrato; ele é parte integrante da empresa, e tão importante quanto o gerente de vendas para o mercado interno. Atente-se para o fato de que, para os clientes externos, que possivelmente jamais entrarão em contato direto com a empresa exportadora, o agente será considerado "a extensão da empresa", isto é, "o exportador no país de destino".

Para que o agente possa apresentar uma imagem correta da firma aos clientes, ele precisa estar constantemente informado dos níveis correntes de estoques, de alterações nos preços, nos prazos de entrega, nas condições de pagamento, novos catálogos etc. O contato frequente entre exportador e agente é regra básica de comércio por agenciamento. A relação exportador–agente ideal é aquela em que este último deixa inteiramente de interferir na manipulação da mercadoria, a qual é enviada diretamente ao cliente. Há de se considerar que, nesse tipo de contrato, a comissão somente será paga quando o importador pagar o valor de sua compra.

1.29.2.2 Importador único

Às vezes, para determinados produtos, é preferível nomear um único importador, substituindo o agente comissionado. Dependendo das circunstâncias, usam-se os termos "distribuidor", "atacadista", mas a natureza das funções de todos e de cada um será a mesma. Nesses casos, além de deter direitos exclusivos sobre a importação do produto, ele poderá ter exclusividade nas vendas em seu território e, eventualmente, o direito de fixar preços de acordo com o mercado.

1.29.2.3 Distribuidores exclusivos

O termo é frequentemente utilizado para descrever operações de representantes que poderiam ser também considerados importadores únicos. Seja qual for o termo empregado, o importante é atentar para o fato de que a exclusividade só deve ser concedida depois de cuidadoso exame das características do mercado que se tem em mira. Um erro de apreciação do desempenho de uma empresa pode arruinar as perspectivas de um exportador em determinado mercado: o "desempenho" de distribuidores únicos tende a decrescer na razão direta da falta de competição.

1.29.2.4 Agente *del credere*

A natureza operacional do agente *del credere* é semelhante à do agente comissionado, feita uma exceção importante: o primeiro indeniza o exportador nos casos de inadimplência dos importadores-clientes. A comissão desse agente é mais alta, para compensar os riscos financeiros em que incorre. Ele será sempre responsável pelo crédito oferecido ao cliente.

1.29.2.5 Combinações de funções de agenciamento

Como dito anteriormente, um contrato de agenciamento será sempre informado pelas características específicas de cada mercado, o que poderá implicar a combinação de uma variedade de funções. Alguns exemplos:

I. **Agente mais armazenamento**: o contrato prevê que o agente fornecerá espaço para armazenamento e manutenção de estoques que ele não adquirirá, mas pelos quais lhe serão pagas uma comissão e taxas de aluguel de armazém.

II. **Agente mais distribuidor**: nesse caso, o agente mantém estoques por ele adquiridos e distribuídos. Operando simultaneamente como agente e cliente, ele soma à sua comissão de agente os lucros obtidos na distribuição.

III. **Agentes de venda e retorno**: um agente é suprido de estoques, para os quais providencia armazenagem. Ele vende, com base nos estoques, e recebe comissão mais lucros de distribuição, com a condição de que a mercadoria não vendida seja devolvida ao exportador.

IV. **Agente mais serviços**: pressupõe que, além da comissão de agenciamento, o agente será ressarcido de qualquer despesa operacional (liberação de mercadoria, transporte exporto etc.).

V. **Agente/produtor**: é o caso típico de produtos siderúrgicos, e outros, em que o agente pode ser, ele mesmo, a indústria.

1.29.2.6 A escolha do agente

Um dos aspectos mais importantes na nomeação de um agente é a seleção inicial: a escolha deve ser realizada da maneira mais objetiva e "científica" possível. O processo tem cinco fases:

1. Certificar-se de que o produto é exportável e de que o exportador será capaz, ou contará com funcionários capazes, de ingressar no campo do comércio exterior.

2. Proceder a uma análise preliminar de mercados, para a identificação dos mais promissores. Nem todos os exportadores estão em condições de trabalhar o mercado internacional como um todo; a identificação de alguns mercados mais promissores assegurará mais eficiência e custos operacionais mais baixos.

3. No processo de pesquisa, e em função de seus resultados, decidir que tipo de agente ou distribuidor melhor atende às características do produto e do mercado.

4. Elaborar uma lista detalhada das funções e obrigações que caberão ao agente.

5. Escolher o tipo de contrato que melhor atende aos interesses do exportador e do agente.

1.29.2.7 Fontes de informação

Está cada vez mais difícil nomear agentes exclusivos em cada mercado para o qual se exporta. Na maioria dos casos, seja qual for a forma de agenciamento, o agente representará o interesse de múltiplos exportadores.

Uma sondagem na praça poderá revelar o número e a natureza das empresas representadas no mercado local pelo agente em potencial.

Igualmente, o exportador deve zelar para que haja um dispositivo contratual de obrigatoriedade de consulta prévia, toda vez que seu agente cogite em assumir novas funções de representação.

As fontes de informação variam em função de cada mercado. O importante é explorar todas as fontes possíveis e evitar tomadas de decisão que não se apoiem em todos os dados existentes. É preciso ter em mente que, quaisquer que sejam as fontes, as informações consistirão quase sempre em opiniões, recomendações e observações subjetivas, cabendo a decisão final, em última análise, ao próprio exportador.

Vejamos, então, algumas fontes de informação:

Organismos governamentais

Certos organismos governamentais estão habilitados a fornecer informações sobre agentes conhecidos e bem estabelecidos na praça. Mas é bom lembrar que a informação pode não estar atualizada, sendo mais prudente utilizá-la como um indicador geral da praça e do grau de reputação dos agentes mais conhecidos.

Associações comerciais

As associações são muito úteis e geralmente estão em condições de sugerir agentes potenciais, tendo em vista seus frequentes contatos com organismos análogos em outros mercados.

Bancos comerciais

Os bancos, de forma geral, possuem ampla rede internacional de agências e bancos associados e constituem fonte valiosa de informações. É muito importante procurar esses estabelecimentos, pois podem aprofundar a coleta de informações, passando ao exportador dados mais seguros com relação à parte financeira e cadastral dos agentes.

Câmaras de comércio

Conquanto possam ser consideradas a fonte, por excelência, das melhores informações sobre possíveis agentes, é preciso levar em consideração que a qualidade dessas informações varia em função do dinamismo

GLOBAL BUSINESS: VOCÊ ESTÁ PREPARADO?

de cada órgão. A grande vantagem em se utilizar desses organismos é pelo interesse do desenvolvimento que possa existir entre os países, dados os objetivos dessas câmaras no comércio internacional.

1.29.2.8 Avaliação dos possíveis agentes

Uma vez identificadas as necessidades específicas do exportador, será útil ponderar os seguintes aspectos no que tange à conveniência do agente potencial:

- Está o agente apto a cobrir eficientemente seu "território"? Seria um erro pensar que um agente sediado em Los Angeles poderia dar conta de todo o território americano.

- Está o agente equipado, em termos humanos e materiais, para implementar um plano de vendas eficiente e sustentado? Não basta que o agente garanta a eficiência de seus serviços; é importante que o exportador avalie, ele mesmo, o grau de competência da firma que pretende agenciar.

- O exportador deverá, igualmente, investigar a reputação do agente potencial no mercado local. Os pedidos de informação não deverão se limitar a bancos, câmaras de comércio, associações comerciais etc., mas também a clientes, reais ou potenciais, no território de atuação da empresa agenciada. Deve-se, sempre, ter em mente que um agente inadequado pode afetar seriamente a imagem e a reputação do exportador na praça local.

O termo "agente" pode se referir a um indivíduo ou a uma empresa de grandes dimensões. O agenciamento feito por um único indivíduo pode não ser muito bem-sucedido. O exportador deve certificar-se de que, seja qual for o caso, haja um sistema montado que evite solução de continuidade nos serviços de agenciamento nos casos de doença ou morte do principal responsável pelas operações de representação. Isso é fundamental. Assinado o contrato de representação, aconselha-se que o exportador promova a vinda de algum funcionário do agente à matriz do exportador, para familiarizá-lo quanto ao assunto e para habilitá-lo e dar continuidade ao agenciamento, nos casos de impedimento do agente principal.

Nos casos de agenciamento dos serviços de grandes empresas, o exportador deverá certificar-se de que seus assuntos serão tratados por um número adequado de funcionários, e de que a venda de seus produtos não seja prejudicada pelo fato de a empresa estar agenciando outros exportadores.

Mas, como dissemos anteriormente, é preciso que o agente — empresa ou indivíduo — seja considerado parte integrante da empresa exportadora, peça tão importante quanto qualquer departamento ou divisão da empresa que exporta.

1.29.2.9 Acordos contratuais entre o exportador e o agente

O relacionamento entre o exportador e seu agente é problema de solução em longo prazo e implica uma boa dose daqueles elementos, um tanto quanto intangíveis, que dão significado, substância e contorno a qualquer relacionamento humano. No entanto, a base da relação entre ambos deve assentar-se num instrumento que nada tem de intangível: **o contrato de agenciamento**.

O acordo contratual entre mandante e agente é feito para solucionar controvérsias e para assegurar a proteção legal dos interesses das partes. Mas ele pode ser o início de um plano de atividades. As cláusulas podem fixar metas, definir incentivos financeiros e prever multas se as metas não forem alcançadas (por exemplo: perda de direito de exclusividade, denúncia unilateral do contrato, no todo ou em parte etc.). O acordo pode espelhar a justa medida da implementação de um programa de vendas. É evidente que será necessário predeterminar o nível de demanda do "mercado territorial", doravante território, antes de se tentar qualquer planejamento desse tipo.

O acordo deve ser visto como um meio de induzir o agente a trabalhar o mercado ao máximo de suas possibilidades. Não é raro ver agentes relaxar seus esforços quando o produto é bom, de venda e escoamento fáceis, ou se um volume substancial de vendas já tenha sido atingido. Um acordo pode ser redigido de forma a tornar compulsório o incremento periódico de vendas; o ônus da prova cabe ao agente, que deverá explicar em que medida novas situações de mercado impediram que as metas fixadas anteriormente fossem atingidas.

1.29.2.10 Cláusulas de salvaguarda

Não existem apenas duas partes no contrato; esse instrumento tem também dois aspectos distintos: o comercial e o legal.

O mandante, ou outorgante, e o agente devem discutir e depois preparar uma minuta com os objetivos que ambos têm em mente, antes de formalizar o vínculo pela redação do contrato propriamente dito. Tais documentos preliminares podem ser quase um plano de atividades, como também podem ser vistos como uma lista de exigências mínimas de cada parte contratante.

Quando as partes tiverem chegado a uma conclusão sobre direitos e obrigações básicos de uma e de outra, recomenda-se consultar um advogado, que assegurará:

1. refletirem a redação e o escopo das cláusulas a que realmente se pretende, evitando a possibilidade de má interpretação;

2. adaptar o contrato aos dois sistemas jurídicos, o do exportador e o do agente;

3. não trazer o contrato prejuízos a uma ou a outra parte em função, por exemplo, da legislação fiscal de qualquer um dos dois países.

Caso seja necessário lançar mão de arbitragem externa, quanto mais seguro e explícito for o contrato, mais facilmente serão salvaguardados os legítimos interesses das partes contratantes. Tanto o exportador como o agente devem zelar pela precisão e pela clareza do contrato, cujo objetivo básico é dar segurança às suas operações.

Os tipos de contratos irão variar em função do mandato do agente, isto é, se este atuará exclusivamente em sua capacidade de vendedor ou se administrará estoques em consignação, vendendo contra comissão. Em cada caso, há interesses dos mais diversos a se proteger. O agente comissionado não compra coisa alguma, mas é responsável por analisar o cliente final com respeito às vendas a prazo. A relação é extremamente curiosa e por muitas vezes difícil de definir.

Se o agente é estocador e distribuidor, e, portanto, ele mesmo um comprador do produto, o acordo torna-se, na realidade, um contrato de venda que incorpora certas condições decorrentes de termos contratuais e comerciais específicos, tais como direitos de compra exclusivos em determinado território, área ou mercado. Uma das condições de venda poderá estabelecer que o agente não comprará produtos similares competitivos. Quando os estoques são entregues em consignação, o contrato deve deixar claro que eles pertencem ao mandante.

1.29.2.11 Dúvidas

Muitas dúvidas podem surgir no curso de um relacionamento mandante-agente, a maioria das quais pode ser prevista no contrato. Aqui estão alguns exemplos:

1. Se o mandante lançar um produto similar novo, poderá ele nomear outro agente no mesmo mercado?

2. Quem paga os seguros de mercadorias estocadas em consignação?

3. Quando o contrato for redigido em dois idiomas, qual o original, para efeito de solução de controvérsias de interpretação?

4. A comissão é paga sobre o valor bruto ou sobre o valor líquido da fatura?

5. Em caso de participação em feiras, quem arcará com os custos?

Todo contrato deve incluir cláusulas que cubram essas questões, com outras podendo aparecer no curso do relacionamento, sendo, portanto, útil rever os contratos periodicamente.

Um detalhe importante no que se refere a contratos: é preciso assegurar-se, com antecedência, de que o agente tem competência contratual perante as leis locais.

Convém alertar e pesquisar que em alguns países, por exemplo do Oriente Médio (Iraque, Líbia, Egito), da Ásia (Taiwan) e da América Latina (Costa Rica, República Dominicana), o agenciamento é prerrogativa de nacionais residentes, desde que devidamente cadastrados como comerciantes perante uma autoridade local. Vários países vêm introduzindo legislação normativa de agenciamentos. É, portanto, imprescindível que, uma vez definidos os elementos substantivos do contrato de agenciamento, o exportador certifique-se de que ele é válido e exequível perante as leis do país importador.

1.29.2.12 Diretrizes gerais

A questão de contratos de agenciamento é tão importante, e provoca tantos problemas, que a **Câmara de Comércio Internacional**, com sede em Paris, criou uma comissão encarregada do estudo de práticas comerciais internacionais. Essa comissão editou um guia para redação de contratos entre partes residentes em países diferentes, intitulado **Agenciamento comercial**.

O **British Institute of Export**, de Londres, arrola três tipos-padrão de acordos de agenciamento, aos quais corresponde igual número de contratos-padrão:

1. Agentes únicos e exclusivos representando produtores no exterior.

2. Firmas comerciais com sede ou sucursais no exterior, comprando como mandantes e pagando, por estoques, em espécie e à vista, no momento do embarque.

3. Agentes no exterior aos quais se enviam estoques em consignação.

Os exemplos mencionados foram elaborados por advogados especializados em legislação de comércio exterior, e posteriormente aprovados pelo comitê jurídico do instituto. Os três já foram postos à prova em várias ocasiões, com bons resultados. Inúmeros acordos de agenciamento entre produtores britânicos e representantes europeus baseiam-se nas premissas legais ali arroladas. O instituto faz questão de frisar que, em caso de dúvida, quando o agenciamento importar em quantias vultosas ou em concessão de financiamento, o produtor deve consultar especialistas em legislação comercial internacional.

A maioria dos agentes costuma exigir garantias contratuais no que tange a uma série de assuntos, entre eles:

1. Definição de território

2. Produtos a representar

3. Política de preços

4. Definição de compradores

5. Percentual de comissões

6. Forma de pagamento das comissões

7. Definição sobre despesas

8. Duração do contrato

1.29.2.13 Obrigações do agente

Eis alguns quesitos básicos para que o agente localize e retenha importadores em seu território:

- ter domínio pleno do produto, dos detalhes técnicos;
- ter conhecimento detalhado de seu próprio mercado;
- conhecer a regulamentação de importação do produto;
- manter contato constante com os clientes, avaliar o potencial de crescimento e estar bem informado sobre a credibilidade deles;

- fornecer regularmente uma visão do mercado, com sugestões sobre preços, promoções, propaganda etc.;
- estar atento ao aparecimento de novos clientes potenciais.

1.29.2.14 Avaliação de desempenho do agente

Para que o mandante possa avaliar o desempenho de seus agentes, é necessário que ele mesmo tenha alguma experiência direta no mercado de operação do agente. Não há outro meio de contrastar o desempenho do agenciamento com o potencial do mercado.

Em muitos mercados, sobretudo naqueles em que as vendas de determinadas mercadorias estão sujeitas a flutuações sazonais, é pouco provável que se tenha uma visão precisa do desempenho de um agente antes de um ano de operações.

Seja qual for o tipo de vínculo operacional, há três aspectos fundamentais a serem levados em consideração:

1. o agente deve ser treinado;
2. o agente deve ser dirigido e controlado;
3. o agente não deve ser relegado às suas próprias iniciativas.

1.29.2.15 Aspectos jurídicos de contratos de agenciamento

Ao se negociar agenciamentos comerciais, as partes devem estar informadas de suas respectivas situações jurídicas, uma vez que os assuntos enumerados são fonte fértil de disputas em matéria de comércio internacional.

A situação jurídica dos agentes comerciais varia de país a país e, em inúmeros casos, provisões específicas regem a relação entre o mandante e o agente. É, portanto, essencial certificar-se de que o contrato não contenha cláusulas que conflitem com o arcabouço jurídico nacional de um e de outro, agente e mandante. É bom lembrar que, dado o encadeamento jurídico e operacional das cláusulas, todas, sem exceção, são vitais à implementação do vínculo contratual.

No momento da redação do contrato, é preciso certificar-se de que o agente tem capacidade, delegada pelo mandante ou resultante do sistema jurídico local, para:

1. assumir poderes contratuais;

GLOBAL BUSINESS: VOCÊ ESTÁ PREPARADO?

2. dar garantias, passar procurações ou exercer representação em nome do mandante;

3. solucionar controvérsias que envolvam o mandante;

4. comprometer o crédito do mandante, sob contrato;

5. legalmente assumir sua qualidade de agente.

Recomenda-se que, antes da redação do vínculo contratual, as partes examinem cuidadosamente cada um dos itens, para que não faltem cláusulas de adaptação dos interesses mútuos à situação jurídica específica dos dois países.

O alcance do contrato, ou melhor, sua substância, dependerá essencialmente da forma pela qual o assunto será tratado nos códigos comerciais locais, assim como dependerá de sua extensão.

1.29.2.16 Modelo de contrato de agenciamento

Adequado a agentes únicos e exclusivos representando o produtor num mercado externo. Modelo utilizado por industriais britânicos.

CONTRATO celebrado neste dia .... de .... de ....,

ENTRE ...., cuja empresa legalmente registrada é ....,

doravante citada como "o Mandante", de um lado, e ....,

doravante "o Agente" do outro lado, pelo qual se conveio em que:

1. O Mandante nomeia o Agente, a partir de ...., seu Agente único e exclusivo em .... (doravante "a área") para a venda dos bens ou produtos relacionados em anexo, produzidos ou exportados pelo Mandante, bem como quaisquer outros bens ou produtos (doravante "os bens") que possam vir a ser posterior e mutuamente acordados.

2. O Agente, durante .... anos, prorrogáveis, a não ser que haja denúncia de uma das partes, feita com .... meses de antecedência, servirá fiel e diligentemente o Mandante como seu Agente, e empregará todos os esforços para o incremento das vendas dos bens do Mandante na área, nada fazendo que possa obstar tais vendas ou prejudicar o desenvolvimento do comércio do Mandante na área.

3. O Mandante fornecerá, regularmente ao Agente, listas de preços mínimos pelos quais os ditos bens serão vendidos; o Agente não venderá a preços inferiores aos mínimos estabelecidos, mas tudo fará para obter o melhor preço de mercado para os bens.

4. O Agente não venderá quaisquer bens a pessoas ou firmas estabelecidas fora da área, nem intencionalmente venderá quaisquer bens a pessoas ou firmas na área com vistas à exportação para um terceiro país ou para outra área, sem o consentimento expresso, por escrito, do Mandante.

5. Durante o período de vigência do agenciamento ora constituído, o Agente não venderá **bens similares** que sejam ou possam vir a ser competitivos com os bens do Mandante, ou que interfiram, ou possam vir a interferir, nas vendas dos bens do Mandante, entendidos como tais bens produzidos pelo Agente ou por qualquer outra firma ou pessoa.

6. No ato do recebimento, pelo Agente, de qualquer encomenda de bens, o Agente remeterá imediatamente o pedido ao Mandante, o qual (se a encomenda for por ele aceita) dará sequência à operação de exportação, remetendo os bens diretamente ao cliente.

7. No ato de execução da remessa, o Mandante enviará cópia da fatura remetida com os bens ao cliente e, da mesma forma, comunicará ao Agente as datas em que forem feitos os pagamentos pelo cliente.

8. O Agente manterá registro de todas as encomendas recebidas e, trimestralmente (ou outro período acordado), enviará ao Mandante cópia desses registros.

9. O Mandante concederá ao Agente a comissão de ....% sobre o valor *Ex-Works*, ou *Factory*, ou *Mine*, ou *Warehouse* (a tradição mostra que normalmente as comissões são pagas sobre o valor FOB, porém deve-se ter em conta que nesse valor estão incluídas as despesas internas com frete, seguro, armazenagem, custo de despacho aduaneiro, capatazia, gastos consulares – nem sempre – etc.), na moeda em que foram vendidos os bens, sobre todas as encomendas obtidas diretamente pelo Agente na sua área, que tenham sido aceitas e executadas pelo Mandante, cujo cálculo de pagamento ocorrerá sobre as quantias recebidas dos clientes.

10. O Agente fará jus a uma comissão nos termos e nas condições mencionadas na cláusula anterior sobre todas as encomendas recebidas pelo Mandante quando enviadas diretamente pelos clientes.

11. Em caso de controvérsia quanto ao valor da comissão a ser paga pelo Mandante ao Agente, tais controvérsias serão dirimidas pelos Auditores do Mandante, o certificado dos quais será final e compulsório tanto para o Agente quanto para o Mandante.

12. O Agente não fará vendas a crédito sem autorização do Mandante.

13. O Agente não concederá fiança ou caução com garantia dos bens sem a autorização, por escrito, do Mandante.

14. O Agente não receberá pagamento dos clientes sem a autorização, por escrito, do Mandante.

15. O Agente não concederá crédito nem comercializará com quaisquer pessoas, firmas ou empresas às quais o Mandante recusar crédito, definitiva ou temporariamente, ou com as quais, definitiva ou temporariamente, recusar-se a comercializar.

16. O Mandante terá o direito de recusar encomendas obtidas pelo Agente, em parte ou no todo, não fazendo jus o Agente à comissão sobre tais encomendas recusadas, no todo ou sobre a parte recusada de tais encomendas.

17. Quaisquer controvérsias futuras entre as partes aqui contratantes, ou entre seus representantes, decorrentes das disposições aqui estabelecidas, ou de assuntos correlatos, serão referidas à arbitragem no Brasil ou na Câmara de Comércio Internacional, de Paris.

Assinaturas

Dada a velocidade dos negócios internacionais, fruto da tecnologia implantada com o advento da internet, as empresas não podem nem devem perder tempo em relação aos objetivos iniciais quanto à colocação de seus produtos em outros mercados.

A escolha correta de um **método para a comercialização** de seus produtos muito dependerá de sua força produtiva e dos investimentos que estarão ao seu alcance. Agenciamentos internacionais têm sido o melhor caminho, porém os cuidados especiais antes dessa contratação e a análise de quem será o "parceiro" no exterior requerem bons estudos para sua efetivação.

CAPÍTULO 2

A IMPORTÂNCIA DAS ESTRATÉGIAS NOS NEGÓCIOS GLOBAIS

Derivado do grego antigo *strategos,* a palavra "estratégia" refere-se originalmente à "arte do general". Estratégia possui fortes raízes militares, desde os trabalhos de Sun Tzu, estrategista militar chinês que escreveu seus estudos em aproximadamente 500 a.C. Seu ensinamento mais famoso é "Conheça a si próprio, conheça seu inimigo; enfrente centenas de batalhas, obtenha centenas de vitórias".

A aplicação dos princípios da estratégia miliar na competição de negócios, conhecida como "administração estratégica" ou somete "estratégia", é um fenômeno mais recente, do início da década de 1960.

É um termo utilizado para descrever um plano amplo e que, bem-elaborado, atingirá os objetivos específicos a longo prazo.

Envolve as tomadas de decisão e a alocação de recursos de forma a maximizar as chances de sucesso em um cenário competitivo e desafiador.

A estratégia não se limita apenas à definição de metas, mas também considera cuidadosamente os recursos disponíveis, as capacidades internas da empresa e as condições externas do ambiente em que ele opera.

Em termos empresariais, a estratégia pode abranger várias áreas, como estratégia de marketing, estratégica de produção, estratégia logística, estratégia financeira, estratégia de vendas, estratégia internacional, entre outras.

Ela requer uma análise detalhada do mercado, da concorrência, das tendências do setor e das próprias forças e fraquezas da organização, a fim de identificar oportunidades vantajosas e desenvolver um plano para aproveitá-las.

Além disso, a estratégia também envolve a adaptação e reavaliação contínua, uma vez que as condições do ambiente podem mudar a médio ou longo prazo.

Portanto, uma estratégia eficaz não é apenas um plano estático, mas um processo dinâmico que requer monitoramento constante e ajustes conforme necessário.

2.1 Estratégia global

O século XXI está sendo desafiador; as empresas estão enfrentando variáveis econômicas nunca antes imaginadas. O mundo pede mais do que uma experimentação estratégica. Uma vez que o isolamento total de uma nação sugere uma estratégia de localização, e uma globalização total dita uma estratégia padronizada, não há uma única estratégia certa no mundo semiglobalizado (países subdesenvolvidos ou em desenvolvimento). Isso resulta em uma ampla variedade de escolhas estratégicas.

O crescimento de 2,9% do Produto Interno Bruto (PIB) em 2023 colocou o Brasil de volta na lista das 10 maiores economias do mundo.

Figura 1 – PIB mundial de 2023

Confira a lista:

1 Estados Unidos – US$ 26,94 tri
2 China – US$ 17,70 tri
3 Alemanha – US$ 4,42 tri
4 Japão – US$ 4,23 tri
5 Índia – US$ 3,73 tri
6 Reino Unido – US$ 3,33 tri
7 França – US$ 3,04 tri
8 Itália – US$ 2,18 tri
9 **Brasil – US$ 2,17 tri**
10 Canadá – US$ 2,11 tri
11 Rússia – US$ 1,86 tri
12 México – US$ 1,81 tri
13 Coreia do Sul – US$ 1,70 tri
14 Austrália – US$ 1,68 tri
15 Espanha – US$ 1,58 tri

Fonte: A Tribuna (2023)

É imprescindível conhecer a si próprio aplicando o *benchmarking*.

A nova ordem econômica mundial, resultado da covid-19 que, com sua rápida abrangência, transformou-se em pandemia, criou um ambiente mundial turbulento, trazendo para a economia brasileira descrenças no desenvolvimento de planos estruturados de negócios.

GLOBAL BUSINESS: VOCÊ ESTÁ PREPARADO?

Mas o processo de tomadas de decisões estratégicas é inevitável, pois com a retração do processo da pandemia, já em 2023, mesmo que lentamente, as atitudes mais flexíveis dos executivos das empresas se tornam necessárias para permitir criatividade nas decisões mais rápidas.

Nas questões do ambiente competitivo, uma importante mudança é a globalização, que desconhece fronteiras, seja para que as organizações comercializem seus produtos, adquiram componentes, insumos, matérias-primas, vão em busca de competências adequadas para serem utilizadas em diferentes locais do mundo. Essa mudança impõe novos conceitos de qualidade, prazo de entrega e custos: as empresas têm de admitir essa força em seu processo de "gestão" estratégica nos negócios dentro e fora do país.

A economia mundial é aquela baseada nas "cadeias produtivas globais", que movimenta grandes investimentos em mercadorias, pessoas, tecnologia, logística, sem ser afetada por restrições do comércio internacional, pois está sempre em franca expansão, enquanto as empresas que dependem dela, em franca complicação.

Considera-se que a globalização é mais do que fazer negócios em vários países, envolve fazer de forma equilibrada, a qualidade e o preço do produto, além dos serviços necessários em determinados locais.

Pergunta que diariamente ocorre em várias organizações: "comprar ou produzir" em dimensões globais. Se essa discussão já faz parte do manual das empresas, deve-se incluir, como ingrediente global, a internet, que tem peso fundamental nos negócios e precisa ser de amplo domínio do tomador da decisão de comprar ou produzir.

Com isso, espera-se que a nova organização seja conectada, seguindo o exemplo dos neurônios humanos através dessa rede denominada de *web,* pois as organizações que pretendem se globalizar, ou já globalizadas que pretendam desenvolver planos de negócios, devem usar com muita propriedade o processo de gerenciamento estratégico. Mercados globais são opções estratégicas que qualquer empresa deve avaliar, mas podem ser considerados apenas uma das fontes de competividade. É necessário que elas mantenham o foco nas oportunidades tecnológicas ou em rupturas tecnológicas decorrentes da inovação.

2.2 As cinco forças

Michael Porter criou ferramentas para ajudar negócios a se manterem competitivos em qualquer nicho de mercado. Em 1980, criou o modelo das cinco forças:

Figura 2 – As 5 forças de Porter

Fonte: Runrunit (2021)

Uma proposição importante é de que o desempenho da empresa depende decisivamente do grau de competitividade que essas cinco forças exercem na indústria, pois quanto mais fortes e competitivas essas forças são, menor a probabilidade de determinada empresa obter retornos acima da média e vice-versa.

2.3 *Benchmarking*

2.3.1 Conceito

Os japoneses possuem a palavra *"dantotsu"*, que significa lutar para tornar-se o *"melhor do melhor"*, com base num processo de alto aprimoramento que consiste em procurar, encontrar e superar os pontos fortes dos concorrentes. Esse conceito enraizou-se numa nova abordagem de planejamento estratégico. Durante as duas últimas décadas, ele tem produzido resultados impressionantes em empresas como a Xerox, a Ford e a IBM, e é conhecido como *benchmarking*.

2.3.2 Definição

Benchmarking é um processo contínuo de comparação dos produtos, serviços e práticas empresariais entre os mais fortes concorrentes ou empresas reconhecidas como líderes. É um processo de pesquisa que permite realizar comparações de processos e práticas *"companhia-a-companhia"* para identificar o melhor do melhor e alcançar um nível de superioridade ou vantagem competitiva.

Benchmarking surgiu como uma necessidade de informações e desejo de aprender depressa, como corrigir um problema empresarial.

A competitividade mundial aumentou acentuadamente nas últimas décadas, obrigando as empresas a manterem um contínuo aprimoramento de seus processos, produtos e serviços, visando oferecer alta qualidade com baixo custo e assumir uma posição de liderança no mercado onde atua. Na maioria das vezes, o aprimoramento exigido, sobretudo pelos clientes dos processos, produtos e serviços, ultrapassa a capacidade das pessoas envolvidas, por estarem elas presas aos seus próprios paradigmas.

2.3.3 Aplicação

Na aplicação do *benchmarking*, como todo o processo, é preciso respeitar e seguir algumas regras e procedimentos para que os dois objetivos sejam alcançados e exista sua constante melhoria. Nesse processo, existe um controle regular, desde sua implantação (plano do processo) até sua implementação (ação do processo).

A empresa interessada em implantar *benchmarking* deve analisar os seguintes fatores:

- ramo;
- objetivo;
- amplitude;
- diferenças organizacionais;
- custos, antes da definição ou aplicação do melhor método;
- avaliação antecipada à aplicação do processo.

2.3.4 Vantagem

Outra vantagem do *benchmarking* é a mudança da maneira de uma organização pensar sobre a necessidade para melhoria. *Benchmarking* fornece um senso de urgência para melhoria, indicando níveis de desempenho atingidos previamente num processo de parceiro do estudo. Um senso de competitividade surge à medida que uma equipe reconhece oportunidades de melhorias além de suas observações diretas, e os membros da equipe tornam-se motivados a se empenhar por excelência, inovação e aplicação de pensamento inovador a fim de conseguir sua própria melhoria de processo.

É necessário que as organizações que buscam o *benchmarking* como uma ferramenta de melhoria assumam uma postura de "organização que deseja aprender com os outros", para que possa justificar o esforço investido no processo, pois essa busca das melhores práticas é um trabalho intensivo, consumidor de tempo e que requer disciplina. Portanto, *benchmarking* é uma escola onde se aprende a aprender.

Saber fazer e adaptar *benchmarking* no processo da organização pode nos permitir vislumbrar oportunidades e ameaças competitivas, constituindo um atalho seguro para a excelência, com a utilização de todo um trabalho intelectual acumulado por outras organizações, evitando os erros e armadilhas do caminho.

Mais do que uma palavra mágica, o *benchmarking* é um conceito que está alterando consideravelmente o enfoque da administração, no qual é composto de atributos que determinarão o sucesso ou ainda a sobrevivência das empresas.

Camp (1989), já na época, identificou uma série de benefícios que uma empresa obtém com o *benchmarking*, que incluem:

- permitir que as melhores práticas de qualquer indústria sejam incorporadas de forma criativa aos processos da função aferida;

- fornecer estímulo e motivação aos profissionais cuja criatividade é necessária para executar e implantar resultados de *benchmarking;*

- quebrar a relutância enraizada em relação às mudanças de operações. Foi constatado que as pessoas estão mais receptivas a novas ideias e sua adoção criativa quando essas ideias não necessariamente se originam em sua própria indústria;

GLOBAL BUSINESS: VOCÊ ESTÁ PREPARADO?

- poder também identificar um avanço tecnológico que não teria sido reconhecido e, portanto, não aplicado na própria indústria de alguém durante algum tempo.

2.3.5 Tipos de *Benchmarking*

Existem pelo menos **quatro tipos**:

1. Interno: quando na maioria das empresas multidivisionais ou internacionais existem funções semelhantes em diferentes unidades operacionais. Uma das investigações mais fáceis de *benchmarking* é comparar essas operações internas. Isso pode envolver comparações de operações logísticas para divisões diferentes, ou entre as operações canadense, norte-americana, europeia e do extremo oriente. Os dados e informações devem ser facilmente disponíveis e não há problemas de confidencialidade; não deve haver diferenças de dados. Esse primeiro passo nas investigações de *benchmarking* é uma base excelente não só para descobrir diferenças de interesses, mas também para focalizar as questões críticas que serão enfrentadas ou são de interesse para a compreensão das práticas de investigações externas, mas podem, por si só, prover informações úteis. Elas podem até definir uma operação interna como marco de referência.

2. Competitivo: os concorrentes diretos em produtos são os objetos mais óbvios de *benchmarking*. Eles devem passar por todos os testes de comparabilidade que foram descritos; em última análise, qualquer investigação de *benchmarking* deve mostrar as vantagens e desvantagens competitivas entre concorrentes diretos. Deve-se tomar cuidado para compreender onde as operações de um concorrente não são verdadeiramente comparáveis. O porte das operações pode afetar a comparabilidade. O porte, medido pela produção, pode refletir as diferenças de se comparar uma função como logística de uma grande empresa com uma operação logística executada para produtos semelhantes, mas de uma empresa muito menor. O porte provavelmente revelará que as operações são dirigidas de formas diferentes.

3. Funcional: não é necessário concentrar-se somente em concorrentes diretos em produtos. Na verdade, pode haver um sério risco de se alcançar um desempenho superior, caso esse seja o foco exclusivo das investigações de *benchmarking*. Existe um grande potencial para

a identificação de concorrentes funcionais ou empresas líderes em suas indústrias para tomar como referência, mesmo em indústrias diferentes. Isso envolve, no caso da logística, a identificação das empresas reconhecidas como tendo funções logísticas superiores, onde quer que estejam.

4. Genérico: algumas funções ou processos empresariais são os mesmos, independentemente das diferenças entre as indústrias. Um desses processos é o de atendimento de pedidos. Ele pode ser descrito como as funções de lançamento de pedidos, atendimento a clientes, manuseio de pedidos no armazém, faturamento e cobrança. Uma ampla gama de empresas precisa desempenhar essas funções para satisfazer os clientes. No *benchmarking* desse processo, o produto ou a indústria não pode constituir fatores de limitação. Pode-se examinar o processo de lançamento de pedidos para produtos eletrônicos, químicos e alimentos, bem como para outros produtos ou serviços.

2.3.6 O *Benchmarking* e o SCOR

Uma estrutura útil para o *benchmarking* é a concebida por uma associação interprofissional — *The Supply Chain Council.* Seu modelo, conhecido como *Supply Chain Operations Reference* (SCOR), é construído em torno de cinco processos principais:

Planejar – Originar – Fazer – Entregar – Retornar

Abrange as atividades-chave da cadeia de suprimentos, desde identificar a demanda do cliente até a entrega do produto e a coleta do pagamento. O objetivo do SCOR é fornecer uma forma-padrão para mensurar o desempenho da cadeia de suprimentos e usar métricas comuns para fazer o *benchmarking* em contraste com outras organizações.

2.3.7 Perspectiva histórica

A história do *benchmarking* se inicia com a Xerox Corporation, que teve a iniciativa de analisar e combater a concorrência.

Em 1979, deu início a um processo denominado *benchmarking* competitivo em suas operações de manufatura, para examinar seus custos unitários de fabricação. Foram efetuadas comparações de determinados produtos.

GLOBAL BUSINESS: VOCÊ ESTÁ PREPARADO?

As capacidades e características operacionais de copiadoras concorrentes foram comparadas e seus componentes mecânicos foram desmontados para análise. Esses primeiros estágios foram chamados de comparações de qualidade e de características de produtos com a Fuji-Xerox, empresa japonesa associada à Xerox. Essas investigações revelaram que os custos de fabricação nos EUA eram substancialmente mais elevados.

Quando o custo de fabricação foi completamente analisado, revelou que os concorrentes estavam vendendo máquinas a um preço igual ao que custava à Xerox para produzi-las, e imediatamente tratou de adotar essas metas de *benchmarking* determinadas externamente para dirigir seus planos de negócios.

Devido ao sucesso da fabricação na identificação de novos processos e componentes de fabricação dos concorrentes, além dos seus custos, a alta gerência decidiu que o *benchmarking* fosse, a partir de 1981, realizado por todas as unidades de negócios e centros de custos.

CAPÍTULO 3

TÉCNICAS DE NEGOCIAÇÃO

3.1 Negociação

Negociamos sempre! O tempo todo numa compra, venda de um produto, espaço no trânsito, no metrô, enfim, vivemos em constante negociação. Quando criança, nos jogos aprendemos a armar estratégias, pois negociar é competir.

Quem negocia não mata; não mata relacionamentos, amizades, clientes e esperanças. Negociar é escolher.

> Negociação é um processo cujo objetivo é obter o melhor equilíbrio possível na relação custo-benefício, quando da realização de uma troca, onde as partes, usando de poder, tempo e informação, deverão chegar a um acordo. Se mantido o acordo, gerará um resultado maior do que a proposta inicial de cada um. (Moyses Filho, 2012, p. 9).

Esta definição inclui vários termos-conceitos que não estão explicitados, como: *atitude, acordo, benefício, comunicação, conflito, controle, cultura, criatividade, concessão, custo, estratégias e táticas, empatia, encantar os clientes, equilíbrio, fatores tangíveis e intangíveis, flexibilidade, motivação, objeções, organização, planejamento, poder, processo, sinergia, suposição, técnica da pergunta, tempo, tomada de decisão, troca e ruído.*

Considerando essas variáveis, sem dúvida os negociadores passarão por fases de ajustes, concordância ou não, até chegarem ao bom termo. Mas no comércio internacional, outras variáveis entrarão no processo.

Pode-se afirmar, também, num outro conceito que negociar é arte, é conhecimento aplicado e, sobretudo, competência a qualquer executivo que vive e atua em um ambiente cada vez mais colaborativo.

Negociar exige reconhecimento do meio, planejamento, preparação, exercício da empatia, foco, entre outros.

Ao nos colocarmos no papel de negociador, tornamo-nos o que somos de melhor, colocamos em prática o que temos de melhor.

Outro fator importante é o de que negociação não diz respeito a passar por cima de diferenças e persuadir outros a quererem aquilo que queremos. Diz respeito a reconhecer como as diferenças podem ajudar a fazer com que cada um de nós acabe em uma situação melhor do que estaríamos sem um acordo, e isso se dá por meio do relacionamento.

Um bom relacionamento na negociação permite o estabelecimento de uma relação comercial duradoura, e em se tratando de comércio internacional, os itens como cultura, usos e costumes também podem fazer a diferença.

Várias são as estratégias que podem ser utilizadas no relacionamento, tais como assuntos de interesse comum, viagens, experiências, família, esporte. O respeito, diante desses temas, é essencial para que o relacionamento se torne profissional e não conflite na negociação.

Quanto à comunicação, em uma negociação entre as partes é essencial. Um mal-entendido pode representar insucesso, pois cada uma das partes fala com base em suas interpretações pessoais sobre as realidades abordadas, bem como escuta conforme suas experiências e seus pontos de vista. O reconhecimento dessa particularidade da comunicação humana não impede que na negociação se invista na tentativa de uma transmissão clara e compreensível das ideias, assegurando-se o entendimento do conteúdo informado pelo interlocutor. Caso a outra parte não entenda por completo o conteúdo transmitido, o mesmo ocorre com o negociador, que inúmeras vezes também poderá cometer equívocos na compreensão das argumentações.

3.2 E sobre os interesses?

Claro está que o foco de uma negociação comporta os interesses explícitos e implícitos dos negociadores. Algumas posições são claras em relação ao que se deseja, comprando, vendendo, contratos de representação, enfim, um universo de desejos no mercado global.

Entretanto, nem sempre é tão fácil definir os reais interesses que levam as pessoas e empresas a assumir uma negociação. E o ponto de interrogação passa a ser: qual o motivo na negociação? Numa negociação, o assunto velado é o real valor do produto a ser negociado. Esse valor altera à medida da necessidade que cada um dos negociadores tem em relação ao que está sendo objeto da negociação.

Para explicar o valor, devemos analisá-lo da seguinte forma:

- O valor econômico é fácil de ser percebido, é tangível, é o quanto vale. O quanto alguém paga, é o preço.

- O valor percebido é intangível. É o que a pessoa sente. É a resposta do que "se vale a pena".

Quando dizemos "agregar valor", precisa ser ressaltado que o preço é importante, mas não define a posição final da negociação. Os aspectos intangíveis, como alegria, conforto, satisfação ou tranquilidade pesam tanto quanto ou mais que o preço. Quando de uma proposta feita por você, para o outro negociar, valor percebido é a diferença entre o custo total despendido por ele e o que sentiu valer a pena.

Valor percebido deve ser ainda entendido como o conjunto encontrado de benefícios que determinados produtos ou serviços possam gerar ao serem adquiridos. O valor percebido tem que ser maior do que o valor econômico, e é como o outro vê ou se sente em uma situação, por exemplo: "foi muito bom", "não gostei dessa cor" etc.

Não adianta um negociador ficar falando para o outro: "olha o valor que isso traz para você". É ele, o outro negociador, que tem que perceber.

Então, como as pessoas e as empresas são diferentes entre si, ao fazer uma proposta comum, você se mostra também comum. Melhorar o que já foi feito é apenas repetição, é fazer parte dos iguais. O bom negociador deve criar uma proposta única, singular, que gere o valor percebido.

3.3 Tipos de necessidades

Pode-se dizer que os tipos mais comuns são:

Realização

- Conseguir resultados
- Superar padrões
- Ser reconhecido
- Assumir riscos e desafios

Aceitação

- Ser aceito pelos outros
- Preocupar-se em demasia com os outros

- Procurar diminuir conflitos
- Receio de rompimentos
- Evitar confronto

Poder

- Influenciar e impressionar
- Despertar sentimentos fortes de simpatia ou rejeição
- Conquistar reputação e posição
- Conseguir o controle de situações

Quando do levantamento das necessidades, encontramos algumas perguntas que auxiliarão:

1. Qual a necessidade real do cliente em ter esse produto ou serviço?
2. Qual a capacidade de pagamento?
3. Que resultados são esperados?
4. Qual o cronograma de compra?
5. Que informações estatísticas, demográficas, financeiras ou técnicas possivelmente serão necessárias?
6. Quais soluções estão sendo buscadas para eliminar os fatos negativos e as preocupações?

Ao se preocupar em descobrir as necessidades do outro, a empresa enxergará a visão dele sobre o problema. Verificar o que é importante para o outro. Então, pratique a empatia, pois o bom negociador deve entender o significado de necessidade e saber diferenciá-la de "desejo". É ela, a necessidade, que para ser satisfeita gerará custo e expectativa do encontro do benefício esperado. Mas é no desejo que o negociador deverá trabalhar.

3.4 A importância da negociação

Diferentemente do sistema interno de um país, o conjunto de padrões comportamentais e os vários aspectos que por vezes não aparecem numa negociação internacional, como os elementos subjetivos, devem ser levados em conta por ambas as partes: **cultura e ética.**

3.4.1 Quanto à cultura

De acordo com a cultura, a noção de tempo varia bastante. Podemos usar como exemplo norte-americanos, suíços, alemães e australianos, que são habitualmente obstinados e corretos na sua gestão do tempo. Suas vidas profissionais e pessoais costumam estar bem-ajustadas. Esperam que uma sessão de negociação marcada comece exatamente na hora.

O Japão é uma das potências econômicas mundial e tem forte relação com o Brasil, tanto em termos comerciais como de investimentos diretos; a pontualidade é um dos principais quesitos que serão observados, portanto, é preciso programar-se para chegar no horário combinado para cada um dos encontros marcados. Os executivos japoneses nunca atenderiam um visitante sem ter marcado reunião previamente. Uma das primeiras atitudes, que faz parte do protocolo de qualquer apresentação, é a troca de cartões de visita, ao quais deverão ser impressos de um lado em inglês e do outro em japonês. O aperto de mão deve ser evitado e somente utilizado caso a iniciativa parta do lado japonês. É comum que no primeiro encontro ou momento sejam tratados de assuntos de ordem genérica de apresentação entre as partes, como uma espécie de sondagem mútua. Espera-se dos visitantes uma postura formal, porém, demonstrando sinceridade, boas intenções, e, sobretudo, objetividade.

A China é o maior país do mundo do ponto de vista territorial, contando com cerca de 1,3 bilhão de habitantes. O povo chinês é formado basicamente por uma etnia uniforme, chamada "han", no entanto, existem outras 54 minorias, mongóis e tibetanos, que representam expressivos hábitos, idiomas e dialetos distintos. Uma das formas de acesso aos canais de negociação são missões oficiais, sendo feitas em feiras em Pequim e em outras importantes cidades, como Cantão. Não é aconselhável enviar apenas uma pessoa na missão, pois os chineses são acostumados a tratar de negócios em grupo, e é esperado que seus parceiros comerciais façam a mesma coisa.

Já em relação aos Estados Unidos, eles negociam em ritmo acelerado, analisando um assunto de cada vez, são aficionados por cronogramas e prazos, gostam de assumir riscos, são persuadidos mais facilmente com estatísticas, fatos e números. É importante que, na hora de negociar, as empresas brasileiras e seus executivos prestem atenção na tradição e na cultura norte-americana.

3.4.2 Quanto à ética

Pode ser entendida como "a disciplina ou campo do conhecimento que trata da definição e avaliação do comportamento de pessoas e organizações" (Andrade, 2006, p. 30).

Ela lida com aquilo que pode ser diferente do que é, da aprovação ou reprovação do comportamento observado em relação ao comportamento ideal. O comportamento ideal é definido por meio de um código de conduta, ou código de ética, implícito ou explicito.

Roberto Vertamatti (2011, p. 15), em seu livro *Ética nas empresas em um mundo globalizado,* comenta:

> [...] o termo ética tem origem na palavra grega *ethike*, ramo da filosofia que estuda valores morais e os princípios ideais da conduta humana. Desse modo, ética é a ciência normativa que serve de base para a filosofia prática. Pode ser definida, ainda, como um conjunto de princípios morais que se deve observar no exercício de uma profissão, também chamada de deontologia.

Segundo Jeremy Bentham (1748-1832), filósofo e jurista, e Stuart Mill (1806-1873), criadores do pensamento utilitarista, o que move o ser humano é a busca da felicidade. O ser humano é motivado pela busca incessante da sua própria felicidade. Ela está nas negociações e no gerenciamento dos conflitos todos os dias.

A maioria aprendeu a negociar ao longo da vida de maneira empírica, e assim desenvolveu esta que é uma das competências mais importante para o crescimento pessoal e profissional, pois sem saber negociar de forma eficiente, as pessoas erram e vão produzindo passivos de relacionamentos ao longo da vida. Conflitos entre empresas, nações e pessoas geram conflitos extremos, prejuízos financeiros e emocionais difíceis de serem reparados.

A globalização nos ensinou e continua a nos ensinar, principalmente pós-pandemia, que a negociação vem adquirindo novos formatos, causados também pela disruptura da economia mundial, pois no período entre 2020 e 2022 produtos e mercadorias ficaram escassos no mercado mundial, fazendo com que as habilidades de comunicação assumissem papel fundamental na formação e preparação de gestores nessa área. As melhores escolas de negócios do mundo nos provam que a pessoa não nasce boa negociadora, ela aprende a ser uma. Claro que existem casos de pessoas criadas dentro de um ambiente em que os familiares possuem empresas; sendo assim, o indivíduo aprende a partir da observação, e com isso desenvolve habilidades pela repetição. Mas, os que não tiveram a oportunidade de estar num ambiente como esse, precisam aprender a negociar em sala de aula e por meio de prática.

Bushidô (2006, p. 45) no livro traduzido e adaptado de Sun Tzu, *A Arte da Guerra*, que afirma:

> Aquele que conhece o inimigo e a si mesmo, ainda que enfrente cem batalhas, jamais correrá perigo. Aquele que não conhece o inimigo, mas conhece a si mesmo, às vezes ganha, às vezes perde. Aquele que não conhece nem o inimigo nem a si mesmo, está fadado ao fracasso e correrá perigo em todas as batalhas.

O resultado de uma negociação está intrinsicamente ligado ao "conhecimento"; portanto, a negociação pode ser vista em várias situações, tais como:

- No mundo dos negócios: empresas precisam se adaptar a uma nova ordem econômica mundial causada pela pandemia, que levou as empresas da cadeia global de fornecimento a paralisarem suas atividades;

- Na resolução de conflitos: excelente ferramenta, pois permite que as partes envolvidas expressem seus sentimentos, ouçam as perspectivas dos outros e busquem soluções criativas que atendam às necessidades de todos;

- Nas tomadas de decisões: a negociação envolve a análise cuidadosa de opções e alternativas. Ela auxilia na avaliação dos prós e contras, considerar diferentes cenários e tomar decisões informadas, seja em questões simples do dia a dia ou em situações complexas que envolvam escolhas significativas.

As negociações internacionais entre empresas envolvem o processo de estabelecer acordos, parcerias ou transações comerciais entre empresas localizadas em diferentes regiões do mundo.

Essas negociações podem abranger uma ampla variedade de assuntos, desde a compra e venda de produtos e serviços, até acordos de *joint-venture*, licenciamento, distribuição, franquias e muito mais.

Aqui estão algumas etapas e considerações importantes a serem lembradas ao conduzir negociações internacionais entre empresas:

- Pesquisa e preparação: antes de iniciar as negociações, é crucial pesquisar e entender a cultura, as regulamentações, os costumes de negócios e o mercado dos países envolvidos. Essas providências evitarão mal-entendidos e demonstrarão seu comprometimento em respeitar as diferenças culturais.

- Estabelecer objetivos: definir claramente os objetivos e as expectativas para a negociação, como preço, prazos, termos de pagamento, volumes etc.

- Comunicação eficiente: a comunicação é fundamental em qualquer negociação. Certifique-se de estabelecer canais de comunicação claros e eficazes com a outra parte, considerando possíveis barreiras linguísticas e culturais. Use ferramentas como videoconferência e e-mails para manter a comunicação regular.

- Adaptação cultural: demonstre sensibilidade à cultura da outra parte. Isso inclui gestos, cumprimentos, etiqueta de negócios e abordagem geral nas negociações. Esteja disposto a fazer ajustes para se adequar à cultura local.

- Equipe de negociação: monte uma equipe de negociação competente e diversificada (desde que possível), que possa lidar com diferentes aspectos das negociações, como jurídico, financeiro, comercial, logístico e cultural.

- Leis e regulamentos: conheça e familiarize-se com os aspectos legais e aduaneiros do país estrangeiro. Isso inclui questões como tarifas, impostos de importação, regulamentos aduaneiros, licenciamentos.

- Documentação: tenha todos os documentos legais necessários, como contratos, acordos e outros registros. Consulte especialistas legais sobre o assunto e em direito internacional.

- Prazos: cumpra os prazos estabelecidos e siga o progresso das negociações atualizados. Manter uma abordagem organizada e profissional ajuda a construir uma relação de confiança com a outra parte.

Em resumo, a negociação desempenha papel fundamental em praticamente todas as esferas da vida das empresas, permitindo às pessoas a alcançarem seus objetivos profissionais e pessoais. Dominar as habilidades de negociação é fundamental, pois isso leva a benefícios significativos.

3.4.3 Resultados das negociações

Pode-se dizer que a negociação nada mais é do que uma tomada de decisão. Habilidades para resolver problemas por meio de decisões acertadas é uma característica que todo negociador deve ter. Procurar desenvolver uma cultura voltada para negociações internacionais, em momentos tranquilos a uma tempestade conflituosa, é o princípio.

3.4.4 Saber negociar é uma arte

Portanto, o relacionamento, nesse sentido, é uma função de confiança, respeito, comunicação e admiração, em que os três primeiros elementos se multiplicam, ao passo que a admiração soma. Existe um motivo para isso: quando zeramos a confiança, o respeito ou a comunicação, o relacionamento acaba no médio/longo prazo.

Podemos abrir o elemento Confiança em três Cs:

1. clareza
2. coerência
3. credibilidade

3.5 A cultura nos negócios

Apesar do crescimento do comércio exterior brasileiro a partir da abertura da economia em 1990, com o Plano Collor, o novo milagre brasileiro de conseguir aumentos de participação no cenário internacional é muito moroso. Ainda assim, é preciso considerar que o país, com mais de 210 milhões de habitantes, ainda não está preparado de forma moderna e adequada para competir no mercado internacional.

Não é difícil explicar esse cenário quando se leva em conta a base industrial do país, a educação diferenciada de alguns estados, a modernização do agronegócio e as boas condições do comércio global neste século.

Há um grande problema a ser resolvido: a educação. Quem quiser um bom motivo de preocupação deve examinar o retrato da "educação nacional" na Síntese dos Indicadores Sociais, divulgada pelo Instituto Brasileiro de Geografia e Estatística (IBGE) e pelo Fórum Econômico Mundial 2023, realizado em Davos, na Suíça, todo início de ano.

Pois bem, conhecedores das limitações do país — governo, sociedade, empresariado, associações e entidades de classe, escolas de todos os níveis e, principalmente, jovens —, é urgente a conscientização de que sem educação não é possível conquistar o tão sonhado posicionamento no ranking das nações em desenvolvimento, com destaque não só no agronegócio.

A definição de cultura ajuda a compreender o comportamento dos seres humanos, seja qual for seu país de origem. O respeito e o entendimento da cultura influirão em todo o processo de negociação internacional.

Cultura é a maneira de viver das pessoas, a soma de seus comportamentos, atitudes e itens materiais. É o modelo no qual estamos inseridos e que controla nossas vidas em muitas maneiras inesperadas. Por essa definição, deduz-se que é imprescindível entender como se comporta nosso potencial cliente na hora da negociação.

3.6 Aspectos culturais

Vejamos alguns dos aspectos culturais mais importantes que se deve conhecer antes de iniciar a gestão de exportação, obviamente dependendo do produto a ser ofertado:

religião – saúde – gênero – hospitalidade – humor – idioma – protocolo – status – cor – alimentação – idade – usos e costumes

Chineses e japoneses tendem a ser mais reservados, cuidadosos e falam pouco; evitam conflitos e buscam afiançar a relação e acordar sobre essa base. Em certos relacionamentos comerciais, o negócio é realizado em lugares significativos, como em uma partida de golfe, em um restaurante ou em um café.

Já a cultura russa apresenta alguns aspectos diferentes. É preciso primeiro tomar informações sobre o clima/tempo, pois o frio e a neve podem prejudicar reuniões. Os russos apreciam muito a vodca, então é recomendável aprender a apreciá-la também, pois, certamente, fará parte de um almoço de negócios. Tendem a considerar bastante o preço, regatear e estar muito atentos aos itens do contrato. As decisões normalmente são tomadas em grupo.

Os indianos, por sua vez, levam muito em consideração a titulação profissional do negociador. É comum tomar chá durante as negociações e receber presentes — porém, deve-se evitar abrir o presente diante da pessoa que o entregou, pois, de acordo com a cultura do país, isso será malvisto. Outro ponto de atenção é o uso de roupas ou acessórios de couro, pois os animais são sagrados no país. Deve-se também estar preparado para lidar com o sistema, que é bastante burocratizado.

Os árabes têm uma cultura muito específica, e é preciso se atentar para o fato de que os estrangeiros estão sujeitos ao cumprimento da lei islâmica. As mulheres não participam das negociações; as conversas são realizadas a uma distância bem pequena entre os interlocutores; não se pode entrar em uma mesquita de sapatos; deve-se evitar cruzar as pernas em público ou durante as reuniões, pois isso é malvisto pela cultura árabe.

Essa breve apresentação de algumas diferenças culturais que podem ocorrer em negociações confirma nosso pensamento de que saber negociar é a chave para o sucesso futuro e um grande desafio nesta nova era.

3.7 Sistemática nas cotações internacionais

3.7.1 Considerações técnicas relevantes

Pontos importantes serão mencionados a seguir e ajudarão a empresa a não ter problemas futuros.

3.7.1.1 Preço de exportação

A empresa deve inicialmente conhecer todos os incentivos fiscais previstos em lei para que não calcule o preço incluindo impostos. Deve acompanhar regularmente a legislação para manter-se atualizada sobre modificações no sistema tributário em relação ao seu produto.

Claro está que com a eliminação da carga tributária, por meio dos incentivos fiscais e financeiros (normas governamentais), o produto terá mais competitividade.

Por fim, a empresa deverá transferir o valor apurado para a moeda estrangeira de acordo com a taxa de câmbio do mercado, publicada diariamente nos jornais e noticiários — lembrando que o dólar americano é a moeda mais utilizada nas transações internacionais, embora o euro, o iene, a libra esterlina e o dólar canadense sejam moedas de livre conversão.

3.7.1.2 Condição e forma de pagamento

Assim como com os incentivos fiscais e financeiros, a empresa deverá conhecer as regras impostas pelo Banco Central do Brasil no tocante aos prazos de pagamento, quando a venda não for efetuada com pagamento antecipado ou à vista.

Convém salientar que a empresa deve, antes de dar crédito, analisar o cadastro do cliente. Isso pode ser facilmente obtido por intermédio de bancos que atuam internacionalmente ou de organizações como o Serasa, que disponibiliza, com sucesso, esse serviço internacional.

Lembre-se de que o exportador é o responsável pelo crédito e de que o cancelamento da exportação que não foi liquidada pelo importador pode causar transtornos à empresa, com prejuízos de monta.

3.7.1.3 O papel dos bancos

Os bancos são os intermediários naturais da oferta e da demanda de divisas. A principal tarefa de uma carteira ou departamento de câmbio é possibilitar aos seus clientes, comerciais ou financeiros, a conversão de seus haveres mantidos em determinada moeda em fundos em outra moeda. Isso pode tomar a forma de uma transação à vista ou de uma operação a prazo.

Segundo nossa legislação, as negociações para o recebimento do exterior são efetuadas pelos bancos do exportador e do importador, razão pela qual a empresa deve estabelecer uma relação com o banco de sua confiança, que pode auxiliá-la com ações de segurança.

3.7.1.3.1 Entender sobre o câmbio

O comércio internacional e, mais importante, os movimentos de capitais e moedas internacionais são a base das operações de câmbio. Tomemos um simples exemplo: caso um exportador suíço venda uma máquina a um importador japonês, para levar a cabo a operação será necessário trocar os ienes por euros, moeda desejada pelo exportador. O mesmo se aplica quando o exportador brasileiro utiliza o dólar americano em suas operações, por meio de um banco negociador aqui no país.

Claro está que a empresa brasileira gostaria de receber em dólares, mas nossa legislação não permite, obrigando o exportador a receber, qualquer que seja a moeda utilizada na negociação, em moeda nacional corrente.

Normalmente, uma moeda (divisa ou papel-moeda) é chamada de conversível quando pode ser livremente trocada pelo seu portador por qualquer outra moeda. Uma distinção deve ser estabelecida, no entanto, entre conversibilidade integral e as várias espécies de conversibilidade parcial.

3.8 Termos Internacionais de Comércio – Incoterms 2020

Em uma negociação com o exterior, as empresas devem definir por meio do preço ofertado qual a sua responsabilidade sobre a operação, não sendo obrigadas a contratar serviços e pagar por eles.

A prática internacional, a partir de 1953, determina que as empresas devem definir onde terminam suas responsabilidades, utilizando-se de um dos Incoterms criados pela Câmara de Comércio Internacional, situada em Paris desde 1920. Várias alterações foram realizadas ao longo do tempo, sendo que, a partir de janeiro de 2020, a mudança passou a ser com 11 termos, que a seguir relacionamos:

1. *Ex-Works* (EXW)

Mercadoria à disposição do importador que arcará com todas as despesas até a chegada em seu país, inclusive as obrigações aduaneiras (custos) no país exportador.

2. *Free Carrier* (FCA) (ponto designado)

O exportador entregará a mercadoria num local combinado, ainda em seu país (aeroporto, transportadora, terminal, fronteira). Pagará as despesas e cobrará do importador. Desse ponto em diante a responsabilidade é do importador.

3. *Free Alongside Ship* (FAS) (Porto de Embarque)

O exportador cumpre sua obrigação de entrega quando a mercadoria for colocada ao lado da embarcação designada pelo importador.

4. *Free on Board* (FOB) (Porto de Embarque)

O exportador paga todas as despesas até que a mercadoria esteja a bordo do navio. O importador assume as despesas e os riscos a partir desse ponto.

5. *Cost and Freight* (CFR) (Porto de Destino)

O exportador assume todas as despesas até a entrega da mercadoria a bordo do navio no porto de embarque e paga o frete; o seguro é por conta do importador.

6. *Cost, Insurance and Freight* **(CIF)** (Porto de Destino)

O exportador contrata e paga o frete e o seguro até o porto de destino.

7. *Delivered at Place* **(DAP)** (Entregue no local de destino)

A mercadoria é entregue ao importador no veículo transportador no destino acordado; o **importador** assume os custos com a **descarga**. O exportador não tem obrigação de contratar o seguro, terá que ser combinado.

8. *Delivered at Place Unloaded* **(DPU)** (Entregue no local combinado)

A mercadoria é entregue **descarregada** ao importador no local combinado; o exportador não tem obrigação de contratar o seguro.

9. *Delivered Duty Paid* **(DDP)** (Local de Destino)

Não autorizado no Brasil na importação. O exportador assume todas as despesas até que a mercadoria seja entregue ao importador, incluindo os impostos.

10. *Carriage Paid To* **(CPT)** (Local de Destino)

Termo utilizado nos transportes aéreo e terrestre. O exportador paga o frete até o local combinado.

11. *Carriage and Insurance Paid To* **(CIP)** (Local de Destino)

É o CPT mais seguro.

Figura 3 – INCOTERMS (2020)

```
1. EXW – Ex Works – na Origem (local de retirada combinado)
2. FCA – Free Carrier – Livre no Transportador (local de entrega combinado)
3. FAS – Free Alongside Ship – Livre ao lado do Navio (porto de embarque)
4. FOB – Free On Board – Livre a Bordo do Navio (porto de embarque)
5. CPT – Carriage Paid To – frete pago até o destino combinado (AÉREO ou TERRESTRE)
6. CIP – Carriage and Insurance Paid To – Frete + Seguro pagos (AÉREO ou TERRESTRE)
7. CFR – Cost and Freight – Custo e Frete (porto de destino combinado)
8. CIF – Cost Insurance and Freight – Custo, Seguro e Frete (porto de destino combinado)
9. DAP – Delivered at Place – frete pago até destino combinado (QUALQUER MODAL)
10. DPU – Delivered at Place Unloaded – Entregue no Local desembarcado (Local de destino)
11. DDP – Delivered Duty Paid – Entregue com Impostos Pagos (local de destino nomeado)
```

Fonte: ICC (2019)

GLOBAL BUSINESS: VOCÊ ESTÁ PREPARADO?

Importante as partes terem trocado informações sobre o produto e terem chegado a um acordo sobre prazo de embarque, entre outros elementos. O exportador deve preencher uma *Proforma Invoice*, modelo da Câmara de Comércio Internacional, de Paris.

Figura 4 – PROFORMA INVOICE

Fonte: Rodrigues (2021)

Esse documento, com assinatura do exportador, deve ser escaneado e enviado por e-mail ao importador, que com um "de acordo" assinará e devolverá por e-mail ao exportador.

3.9 Negociação com fornecedores

Esse é um ponto importante para garantir que a negociação ocorra da melhor forma possível, não só pelos conceitos sobre os bens adquiridos, mas principalmente em recebê-los dentro do planejamento realizado, ou seja, a tempo de poder utilizá-los em sua produção.

Alguns pontos importantes devem ser postos em prática, saindo da tradicional negociação, ou seja, utilizar Carta de Crédito, que é um mecanismo entre bancos internacionais, em que são inseridas cláusulas de responsabilidade tanto do fornecedor como do comprador.

Esse documento bancário tem como base a Brochura 600 da Câmara de Comércio Internacional (CCI), de Paris. Algumas cláusulas especiais poderão ser:

- Determinar o *lead time* que é o período de tempo entre o fechamento do negócio e a chegada da mercadoria na empresa importadora;
- Determinar o Operador Logístico contratado por uma das partes, que se responsabilizará pela operação, assim como os custos;
- Após estudo, verificar a possibilidade de utilizar o sistema de consolidação de cargas mediante empresa especializada, indicando na Carta de Crédito os documentos que serão necessários para liberação aduaneira na chegada;
- Determinar três prazos na Carta de Crédito:
  1. data máxima para o produto estar pronto;
  2. data de entrega ao transportador;
  3. data máxima para embarque.

Diante desse quadro, pelas mudanças de comportamento da economia mundial, as negociações assumem importância crescente nas atividades empresariais, fortalecendo a importância do desenvolvimento de habilidades fundamentais aos negociadores.

CAPÍTULO 4

GESTÃO DA LOGÍSTICA INTERNACIONAL

4.1 Operações internacionais

4.1.1 Desenvolvimento da Logística

O setor da logística aparece nos últimos 30 anos como um motor econômico, não só pela alta especialização de seus serviços, que fazem desse setor a chave do desenvolvimento empresarial, mas pelo grande apoio para o crescimento de novas oportunidades de negócios com o exterior, seja exportando, seja importando.

Se o conceito básico da filosofia empresarial, orientada pelo marketing, é o logro de seus objetivos por meio da satisfação do cliente e fazer melhor do que a concorrência, a **atividade logística é parte integrante** para se conseguir esse objetivo, pois requer um esforço integrado de coordenação entre as atividades de marketing composto, produção e logística, tendo-se de levar em conta que o objetivo dos distintos setores da empresa — exportação, importação, compras, vendas, produção, finanças, recursos humanos, contabilidade etc. — são muitas vezes contrapostos entre si.

As diferenças de objetivos comuns dessas áreas de gerenciamento levam à fragmentação de interesses e de responsabilidades pelas atividades logísticas, tanto que a falta de coordenação entre elas torna, por vezes, mais difícil uma empresa exportar ou importar. O setor de comércio exterior de uma empresa sempre deve considerar o total dos custos logísticos como ponto de referência para entender se uma operação internacional é viável ou não.

Não devem deixar de lado a relação e a mútua dependência dos níveis, já que o microeconômico se sustenta sobre a infraestrutura do nível macroeconômico. Porém, ao contrário, necessidades insatisfeitas em nível micro geram obras em nível macro — aeroportos, portos, rodovias, ferrovias, estruturas de fronteiras, centros de distribuição, terminais.

Na década de 1990, a crescente internacionalização da economia mundial acabou implantando problemas e limitações adicionais a numerosos países em desenvolvimento, que naturalmente passaram a competir com suas exportações.

Na segunda década deste século, um desenvolvimento significativo de estratégias vem sendo utilizado pela maioria das empresas que atuam no comércio internacional. A estratégia tradicional de comércio desde o mercado interno, com a substituição ou as barreiras nas importações nos países em desenvolvimento, orienta ativamente os mercados externos, nos quais refletem em frequentes cotações nos países de destino, mais do que nos países de origem.

Essa importante mudança está exigindo um enfoque inovador e pragmático na gestão da logística internacional que requer uma melhora substancial na capacidade de gestão dessa área.

A necessidade de uma infraestrutura mínima para se ter serviços de qualidade é um fator importante para o momento que uma empresa brasileira ascender ao mercado externo por meio da internacionalização dos serviços logísticos, pois nem todos os negócios têm condições de suportar os custos da gestão logística baseada, em parte, da falta de infraestrutura do país.

Na internacionalização de processos logísticos, muitas empresas dos diversos ramos de serviços já estão preparadas para dar atendimento às necessidades dos exportadores e importadores, porém alguns elementos extralogísticos acabam dificultando negociações internacionais. Por outro lado, de nada adianta toda essa evolução tecnológica se o país não resolver os problemas internos de infraestrutura — que normalmente chamamos de "gargalos" e que já se transformaram numa "bolha logística" —, investindo na melhoria das estradas, terminais intermodais, zonas de processamento de exportação, acesso aos portos, além das questões cambiais, tributárias e burocráticas, pois a logística está avançando rapidamente em sua formatação para oferecer modernos serviços às empresas que atuam no comércio exterior.

Com a globalização e a liberalização da economia, o nosso país é considerado um importante *player* como fornecedor de produtos básicos (*commodities*), que representam, de acordo com a balança comercial brasileira, mais de 48% de nossas exportações. Com isso, rápidas e urgentes mudanças estruturais precisam ser realizadas para garantir operações com o exterior. O exemplo que temos é o custo de transporte de *commodities* do centro-oeste do país até o embarque nos portos brasileiros.

4.2 Custo de logística compromete a produtividade

Notícia no jornal *O Estado de São Paulo*, de 25 de julho de 2018, mostra um fator negativo para a economia brasileira, no bimestre maio–junho de 2018: a greve dos transportes, que demostrou o custo da dependência do modal rodoviário para empresas e para a produtividade. Estudo das economistas Ellen Regina Steter e Hanna Farhat, do Bradesco, mostra que o problema é generalizado e mais delicado em alguns setores.

O custo do transporte é agravado pelas distâncias: 42% da produção nacional de grãos é originada da Região Centro-Oeste, e 49% da produção nacional é escoada pelos Portos de Santos e de Paranaguá, mas já em 2021 os Portos do Arco do Norte passaram a ser um caminho mais curto e viável.

Figura 5 – Portos do Arco do Norte

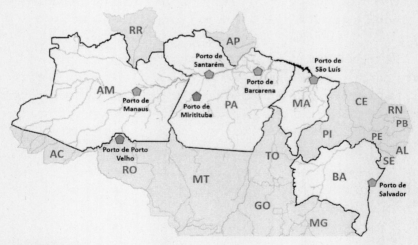

Fonte: Pera (2020)

Indicadores sobre um conjunto de 130 empresas dão conta de que os custos logísticos como proporção do faturamento bruto têm peso crescente: **de 11,52% em 2014** passaram para **12,37% em 2017**: em **2021, alcançou o patamar de 14%**.

Entre esses custos, o transporte é classificado como o de maior impacto na formação do preço final dos produtos. No final de 2021, em razão do grande problema de saúde, os dados estatísticos deixaram de ter divulgação oficial de dezenas de países.

Em 2022, em razão da Guerra Rússia/Ucrânia, o preço do petróleo, que alcançou até o mês de agosto um valor acima de US$ 100 o barril, e o preço dos combustíveis inflacionou ainda mais o valor dos custos logísticos do país e dos fretes internacionais.

Uma das agravantes é o estado das rodovias, pois apenas 38,2% delas são consideradas boas ou ótimas pela Confederação Nacional do Transporte (CNT). A dependência rodoviária dificulta o aumento da produtividade, o que poderá ser agravado se ocorrer elevação real do valor dos fretes.

4.3 Alguns procedimentos logísticos no comércio exterior

Assim como na distribuição interna um produto exige uma seleção adequada de intermediários e serviços, não será diferente internacionalmente, pois o cronograma, o fluxograma, os tempos das operações, o manuseio, o armazenamento, o transporte, enfim, toda a cadeia de serviços para que um produto seja transferido de um país para outro também será exigida, porém de forma diferenciada.

Um negócio internacional pode aparecer de forma projetada ou inesperada, porém se a empresa não contar com um planejamento de transporte adequado para o produto que deseja exportar, um acondicionamento correto e serviços que possam atender o necessário, invariavelmente será difícil ter sucesso em mercados por muitas vezes difíceis de conquistar.

No desenvolvimento da atividade econômica de uma empresa, surgem questões que implicam o controle das operações, desde providências quanto à proteção do produto por meio de embalagem adequada até a entrega ao cliente.

Podemos então conceituar a logística como um estudo científico dos sistemas de organização e controle, colocado a serviço da atenção da demanda a um menor custo. Com essa organização e controle, a logística determinará que o fluxo de matérias-primas e produtos parcial ou totalmente produzidos se desenvolva de tal maneira que a demanda seja atendida com custos mínimos e com qualidade de serviços.

Assim, pode-se dizer que as atividades-chave da logística são:

- Embalagem
- Unitização
- Manuseio

- Armazenamento
- Estudo e previsão de demanda
- Organização dos transportes
- Equipamentos
- Custos

Quando a mercadoria enfrenta longo período de viagem, passando por vários meios de transporte, ficando exposta a avarias, roubos e perdas, a unitização ou a embalagem se converte em um elemento de grande importância na operação internacional.

O procedimento logístico de unitizar uma carga tem a ver com o tipo de mercadoria por seus atributos físicos por meio de *pallets* ou *containers,* enquanto o seu embalamento tem a objetividade de protegê-la durante o manuseio ou transporte.

De outra forma, existem produtos que necessitam de envasamento por se tratarem de líquidos (químicos, alimentícios), às quais regras internacionais são aplicadas pelas empresas de transportes: no marítimo, a Organização Marítima Internacional (IMO), no aéreo, a Associação Internacional do Transporte Aéreo (Iata) e no rodoviário, as normas dos países.

Caixas de madeira, de papelão, bombonas, materiais de vidro, entre outros materiais, são os utilizados no transporte internacional de mercadorias. Porém, determinadas normas fazem parte da identificação das mercadorias embaladas.

Essas normas internacionais estabelecidas pela Organização das Nações Unidas (ONU) são traduzidas por meio de desenhos, símbolos, logomarcas, tornando esses elementos legislações dos países.

4.4 *Supply Chain Management* (SCM)

Viver num mundo empresarial em que o termo "administrar a cadeia de suprimentos", ou SCM em inglês, incorporou-se definitivamente nos processos organizacionais e gerenciais.

Figura 6 – Planificação

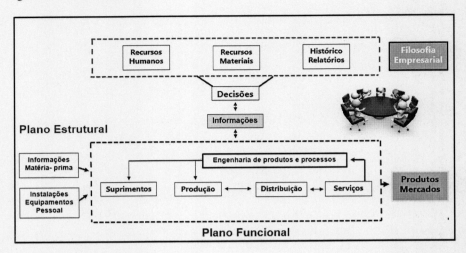

Fonte: elaborado pelo autor

Essa sistemática em administração de materiais, assim chamada no passado, representa um processo de evolução de uma etapa que teria se iniciado nos anos 1960 e 1970, com o desenvolvimento do conceito de "distribuição física", que procurava, de certa forma, integrar alguns aspectos da logística de distribuição, como na administração dos transportes e armazenagens de produtos acabados além da administração de embalagens de transporte.

Numa análise de empresários e acadêmicos ocidentais, passaram então a estudar as práticas e técnicas japonesas, que foram os responsáveis pelos níveis altíssimos de qualidade e produtividade de seus produtos. O Ocidente aprendeu as práticas como *Just-in-time* (JIT), que deu origem ao *Lean Manufacturing* (manufatura enxuta), porém um aspecto importante estava junto deles: o *keiretsus,* ou cadeias de compradores-vendedores.

Usando esse conceito, a Toyota e a Honda terceirizavam a fornecedores o equivalente a 80% do valor dos carros que produziam, o que significava valores muito superiores aos 30% de terceirização dos concorrentes ocidentais, como General Motors e Ford, que tinham altos níveis de integração vertical, ou seja, produzindo a grande maioria dos componentes de seus carros internamente.

Afirmações como "a concorrência pelos mercados não é mais entre empresas, mas pelas cadeias de suprimentos" é um jargão do mercado. Considerando que as "Cadeias Produtivas Globais" — que ainda não se restabeleceram totalmente em razão da pandemia provocada pela covid-19, quando por falta de *containers,* navios que não podiam atracar, *lockdown*, entre outras situações, como falta de matérias-primas —, realmente essa afirmação tem fundamento, mas que gradativamente o mercado deverá ser restabelecido por medidas e estratégias das empresas.

Os relacionamentos na cadeia de suprimentos estão entre as áreas mais complexas e menos compreendidas das operações logísticas. O sucesso ou fracasso estão nitidamente relacionados com a concorrência. Eles também estão relacionados com a capacidade da empresa de estabelecer relacionamentos eficazes na cadeia de suprimentos.

A gerência de relacionamentos é o nome relativamente novo aplicado a áreas importantes e antigas da empresa. Ele envolve o desenvolvimento e o gerenciamento de acordos na cadeia de suprimento. Um relacionamento normal na cadeia de suprimento envolve parceiros comerciais primários e prestadores de serviço. A diferença entre esses "participantes" está na natureza das atividades executadas e no risco que estão dispostos a assumir.

Alguns aspectos econômicos fundamentais da distribuição determinam, também, os acordos no canal.

A base para o desenvolvimento de um relacionamento bem-sucedido no canal está na compreensão ampla dos aspectos econômicos relacionados à distribuição. Os aspectos econômicos dos relacionamentos no canal vão além de questões associadas às operações logísticas, e no caso, as internacionais têm situações diferenciadas das nacionais, pois os negócios serão realizados com fornecedores de outros países, cuja exatidão nas negociações determinarão o *modus operandi.*

4.5 Logística Globalizada

Um eficiente sistema logístico, tão importante para as operações de fornecimento de outros países, é absolutamente crítico nas atividades de produção e de marketing em nível global.

A logística internacional concentra-se em serviços de valor agregado num ambiente que deve ser controlado.

A logística globalizada deve atender a todos os requisitos do comprador, e ainda fazer face às crescentes incertezas ligadas às distâncias, à demanda, à diversidade, aos custos diretos e à documentação obrigatória.

Os desafios enfrentados pelos sistemas logísticos globalizados variam muito de região para região. A logística na América do Norte conta com uma geografia aberta, com forte demanda de transporte terrestre e limitada necessidade de documentação além-fronteiras. Já o especialista europeu em logística, ao contrário, opera com uma perspectiva caracterizada por uma geografia relativamente compacta, envolvendo numerosas barreiras políticas, culturais, linguísticas e de regulamentos, apesar de estarem na União Europeia.

O mesmo especialista de logística da área do Pacífico tem um ambiente insular que exige ênfase em transportes marítimos e aéreos para vencer grandes distâncias. Essas diferentes perspectivas requerem executivos de logística que operem no ambiente globalizado e desenvolvam grande variedade de novos conhecimentos.

No passado, uma empresa podia existir com uma única perspectiva logística, norte-americana, europeia ou insular, neste último caso no Oceano Pacífico. Poderia alcançar um grande sucesso com capacidade logística regional. Embora isso seja verdadeiro, para algumas empresas, desejosas por se desenvolver, estão sempre verificando que a estratégia regional já não é mais adequada. A fim de obter economias de escala de produção e de comercialização que sustentem o crescimento do mercado, essas empresas procuram sempre desenvolver capacidade logística de globalização. A capacidade logística globalizada incluir transportes internacionais, diversidade cultural, habilidade multilinguística e operações com cadeias de suprimentos mais amplas.

4.6 Fatores que levam ao mundo sem fronteiras

Há muitos fatores que impelem as empresas a entrar na arena internacional, motivando e facilitando essa entrada. As empresas são fomentadas a expandir as operações globalizadas a fim de poderem crescer e sobreviver. As operações globalizadas são também facilitadas pelo desenvolvimento de novas tecnologias e capacitações.

Os cinco fatores que levam às operações globalizadas são:

1. O crescimento econômico

2. A abordagem, de cadeia de suprimentos/*Supply Chain Management*

3. A regionalização

4. A tecnologia

5. A desregulamentação

As operações globalizadas aumentam os custos e a complexidade logística, porém o sistema multimodal, que veremos, diminui o impacto para que os clientes dos serviços possam viabilizar seus negócios.

4.7 Abordagem de *Supply Chain* e da logística

Historicamente, os executivos sempre se concentraram na redução de custos de aquisição e de fabricação de suas empresas (atualmente o tempo faz parte do processo). As despesas incorridas por outros membros da cadeia de suprimentos não eram, normalmente, consideradas importantes nas decisões logísticas e de fornecimento de produtos.

Tradicionalmente, as empresas buscavam o controle logístico executando internamente a maior quantidade possível das atividades essenciais. Esse esforço interno apoiava-se em depósitos, transportes e sistemas próprios de processamento de informação. Embora tal atitude levasse ao máximo controle, ela também aumentava os ativos necessários ao apoio logístico das operações. Se, por um lado, o investimento em ativos para fins logísticos não é crítico do ponto de vista de lucratividade, por outro, considerando-se o retorno sobre o investimento, é desejável reduzir o capital aplicado no apoio das operações.

Muitos executivos de logística verificaram que podiam reduzir essa aplicação de capital buscando fora da empresa uma ampla variedade de serviços. Assim, tornou-se comum o uso de prestadores de serviços especializados a partir da década de 1980.

A experiência de contratar serviços externos provou ser crítica no que diz respeito ao financiamento da expansão no ambiente globalizado. Ao se concentrarem no desenvolvimento de operações com custos adequados, a fim de sustentar a expansão globalizada, as empresas valeram-se de sua experiência e seus aprendizados anteriores. Mostraram-se dispostas a fazerem alianças com fornecedores, também globalizados, que pudessem contribuir com especialização e serviços logísticos de qualidade, a custos razoáveis, para atividades como despacho e consolidação de fretes internacionais, em inglês *International Freight Consolidating and Forwarding*.

4.8 Histórico sobre os transportes

Este subcapítulo foi idealizado segundo o estudo das necessidades dos países e das empresas que atuam no comércio internacional.

Com a formação dos blocos econômicos e o surgimento de novas oportunidades oferecidas aos países em desenvolvimento, torna-se cada vez mais necessária a participação de "serviços operacionais especializados", com o objetivo de obter o melhor gerenciamento dos negócios.

Com a logística, não importa onde está o produto adquirido, pois, com os modernos sistemas de transportes que facilitam as atividades das empresas transitárias internacionais, obtêm-se resultados não somente com as reduções de custos, mas também de tempo.

No mundo atual, a logística de transportes internacionais tem participação obrigatória, pois sempre apresenta novos caminhos e direções, fazendo com que as negociações se tornem cada vez mais sólidas.

4.8.1 Fases

A história dos transportes abrange duas etapas bem definidas. A primeira compreende o período que precedeu a Revolução Industrial, em que, até então, somente se aproveitava a força humana, dos animais de tração e de carga, das correntes de água e dos ventos. A segunda etapa começa quando o vapor, a eletricidade e as máquinas de combustão se generalizaram como fontes de força motriz.

As condições básicas que caracterizaram cada um dos meios de transporte influíram de modo considerável sobre as técnicas adotadas, bem como sobre as formas resultantes de organização e propriedade. Por exemplo, os transportes no interior de um país ou região exigem sempre a existência de um veículo adequado e de uma via especial, seja terrestre ou fluvial. Uma estrada de rodagem é uma via mais especializada do que uma estrada de ferro por ser adequada para o trânsito de diversas espécies de veículos, sendo, por esse motivo, comumente de propriedade pública.

Em contrapartida, a construção de estradas de ferro, em geral, ficou a cargo de empresas particulares, mas, em alguns países, por circunstâncias especiais, foram de iniciativa do Estado.

Nas estradas de rodagem, geralmente não existe qualquer conexão entre a sua construção e as entidades ou os indivíduos proprietários de veículos que transitarão por elas. Já com relação às estradas de ferro, desde

GLOBAL BUSINESS: VOCÊ ESTÁ PREPARADO?

o início foi reconhecida a necessidade de pertencerem à mesma empresa ou organização — as ferrovias, o material rodante (trens) e as estações —, ou estarem sob uma administração comum.

As condições nos transportes marítimo e aéreo são basicamente diferentes, pois em ambos os casos as atividades transportadoras limitam-se a fornecer e administrar os veículos correspondentes (navios e aviões). Isso ocorre em praticamente todos os países.

4.9 Transporte marítimo

Os navios são, em geral, de propriedade particular, ao passo que os cais e os portos podem pertencer a entidades públicas locais, repartições governamentais e empresas privadas. O transporte interior por vias fluviais pode ser considerado um caso intermediário.

As condições de exploração e aproveitamento dos rios diferem pouco do transporte marítimo. Em regiões em que foram construídos canais artificiais, existem semelhanças tanto com o transporte por estrada de rodagem como por via férrea, uma vez que as embarcações podem pertencer à entidade que domina e mantém o canal ou a transportadores públicos ou negociantes particulares. Em ambos os casos, os canais podem ser construídos pelo Estado, tal como se pertencessem ao sistema de estrada de rodagem, ou por particulares, que também cobram direito de passagem.

4.10 Transporte terrestre

O primeiro meio de transporte foi fornecido pelas mulheres. Nas sociedades primitivas, eram elas que se encarregavam dos pertences domésticos toda vez que o grupo se transferia de um lugar para outro.

Animais como cães, bois, cavalos, asnos, renas, camelos e elefantes eram usados como meios de transporte no Velho Mundo, tendo alguns deles considerável papel no progresso, como fornecedores de leite, o que lhes duplicava o valor.

Desse modo, os volumes que as mulheres costumavam carregar foram transferidos para o lombo das bestas de carga. A distribuição dos animais de transporte depende de sua abundância ou escassez em estado selvagem ou da capacidade de adaptação das bestas às diversas condições. A rena, por exemplo, não pode viver em regiões onde falta líquen (vegetal formado pela associação de uma alga verde ou azul com um fungo superior), seu principal alimento, e a lhama está confinada nas cordilheiras da América do Sul.

Entretanto, em todas as regiões árticas do Novo Mundo e em muitas do Velho Mundo, os cães têm um valor inestimável, já que são leves, permitindo-lhes correr em terrenos de neve. Sua docilidade e destreza foram de grande importância no desenvolvimento da caça.

As renas na Sibéria não proporcionaram apenas um meio de transporte, mas também o abastecimento de leite, carne e couro. O camelo, em virtude de suas peculiaridades biológicas, tornou possível a vida humana em certas regiões desérticas da África e da Ásia.

4.10.1 Estradas

Entre os países europeus, a França estava na vanguarda, no desenvolvimento de sistemas modernos de transporte terrestre. O esforço foi iniciado pelo duque de Sully, quase no fim do século XVI, com a criação de uma rede nacional de caminhos cobertos com uma camada de pedra triturada.

O grande construtor de estradas da França foi Jean Bapitiste Colbert, nomeado administrador em 1665. Impondo trabalho obrigatório a todos os camponeses, conseguiu a pavimentação de 24 mil quilômetros de estradas. Essas vias não eram construídas ou mantidas de forma científica. Em 1775, Tresaguet iniciou a construção de melhores caminhos ao idealizar o desaguamento deles. Foram, entretanto, os escoceses Thomas Telford (1757–1834) e John Loundon McAdam (1756–1836) que iniciaram a construção científica das estradas. O sistema de McAdam era menos dispendioso do que o de Telford. A base desse processo persiste até hoje.

4.10.2 Estradas modernas

Apenas no século XVIII pôde-se, pela primeira vez, dispor dos conhecimentos tecnológicos de redes modernas de estradas. Adotou-se o princípio de que as estradas devem ser pagas por quem as utiliza. No final do século XVIII, foi implantado na Inglaterra o sistema de pedágio.

Certos grupos encarregavam-se de obter os fundos necessários para a construção e conservação de determinadas estradas, e a seguir amortizavam a inversão por meio da cobrança do pedágio.

GLOBAL BUSINESS: VOCÊ ESTÁ PREPARADO?

À medida que as estradas de ferro se generalizavam, decresciam proporcionalmente os rendimentos derivados dos direitos de pedágio, até acabar por se desprestigiar completamente o sistema, para renascer em alguns países, no século XX, com a intensificação do trânsito de veículos automóveis.

Observou-se também a crescente necessidade da construção de estradas sem cruzamento, nas quais os veículos pudessem alcançar grandes velocidades sem riscos excessivos.

4.10.3 Estradas de ferro

Durante o primeiro quarto do século XIX, as estradas de ferro ofereciam o mais promissor campo de aplicação da força derivada do vapor, dadas as limitações das redes de caminhos existentes na época, a ausência de veículos cômodos para viajar e a cobrança excessiva dos direitos de pedágio.

George Stephenson, que tão decisivamente contribuiu para a criação da locomotiva, foi também um grande projetista de redes ferroviárias. Foi comissionado para estabelecer vias que dessem à locomotiva um melhor rendimento, transportando cargas pesadas em grandes velocidades. Enquanto Stephenson e outros engenheiros demonstravam as vantagens técnicas do novo meio de transporte, a crescente riqueza industrial da Grã-Bretanha criava em grande abundância os meios econômicos necessários à construção de uma vasta rede ferroviária, que em sua maior parte foi realizada de 1830 a 1870.

A revolução determinada pela estrada de ferro na economia de muitos países, durante o século XIX, somente pôde ser comparável ao mais amplo progresso atingido durante o século XX, com a construção de transporte de veículos automotores.

Pela primeira vez torna-se possível a qualquer pessoa viajar com rapidez e com poucos gastos a longas distâncias. Ao mesmo tempo, ampliavam-se enormemente os mercados para matérias-primas e produtos manufaturados. Além disso, à medida que aumentava o rendimento, reduziam-se os custos de produção.

Em alguns países, a concorrência foi o estímulo, no campo da iniciativa privada, para o desenvolvimento das vias férreas. Entretanto, na maioria dos países da Europa foi o Estado que, desde o princípio, levou a cabo não somente a construção das vias férreas como também participou da propriedade, sobretudo em países menos desenvolvidos do ponto de vista econômico, cujo capital privado não era suficientemente abundante, ou os capitalistas mostravam-se receosos de enfrentar os riscos das grandes inversões requeridas pelo empreendimento.

A construção de linhas transcontinentais exigiu também a intervenção do Estado. Em certos casos, a construção de estradas de ferro desse gênero transformou-se em um meio de expansão e influência política tal como sucedeu com a Estrada de Ferro de Bagdá e com a Ferrovia Transiberiana, que serviu para tornar os vastos recursos naturais da Sibéria mais acessíveis e as relações entre a Rússia e a China mais estreitas.

Na Europa, em particular, a necessidade de utilizar as estradas de ferro para o transporte de tropas deu lugar ao estabelecimento de um firme domínio do Estado sobre elas.

Durante o século XIX, não existia para as estradas de ferro o estímulo de uma forte concorrência da parte de outros meios de transporte. Em consequência, ao surgir a concorrência dos automóveis durante o primeiro quarto do século XX, as estradas de ferro reagiram para enfrentá-la, a princípio com lentidão, modificando seus sistemas tradicionais de exploração.

A partir daí, se as estradas de ferro continuassem a transportar a mesma quantidade de passageiros e o mesmo volume de carga dos 50 anos anteriores, isso representaria apenas uma pequena porcentagem de um total que havia aumentado e continuava a aumentar extraordinariamente. Essa parcela a mais de passageiros e carga, em crescente aumento, teria de ser transportada por via marítima ou rodoviária.

4.11 Transporte aquaviário

O transporte aquaviário, também chamado de hidroviário, exigindo em geral menos esforços do que o terrestre, estava comumente bem-desenvolvido entre os povos primitivos.

A embarcação mais antiga é a balsa feita de cascas e troncos de árvores atados, de junco e outros materiais leves, sobre os quais o homem pode flutuar. Desse tipo eram as balsas dos tasmanianos, feitas de cascas de eucalipto, atadas em rolos de aproximadamente três metros de comprimento, em forma de grandes charutos.

Os egípcios primitivos utilizavam no rio Nilo balsas semelhantes, feitas de diversos materiais. As barquinhas de couro dos antigos bretões, descritas por Plínio e ainda em uso nos tempos modernos, em Gales e ao redor das costas da Irlanda, as canoas forradas de peles utilizadas pelos caçadores na Colômbia Britânica, assim como os botes de couro utilizados nas regiões ocidentais norte-americanas são manifestações do mesmo tipo de embarcação. Os caiaques dos esquimós são os mais perfeitos exemplos de botes feitos de pele.

Em regiões onde se encontram árvores adequadas de bom tamanho, são construídas pequenas embarcações com uma camada de casca, costuradas antigamente com fibras obtidas de raízes e cujas fendas eram tapadas com musgo e goma.

As canoas dos australianos eram feitas de eucaliptos, com as extremidades dobradas para cima e atadas ou costuradas, e as juntas de um tronco sólido de árvore ofereciam muitas vantagens.

Nas turfeiras da Inglaterra foram encontradas canoas feitas de troncos escavados de 15 a 18 metros de comprimento, cuja antiguidade não foi possível precisar. As melhores embarcações e de estilos mais variados encontram-se entre as linhas da Polinésia, onde existem relíquias dos tipos primitivos, como balsas de troncos atados uns aos outros ou de feixes de junco.

Os maoris das Ilhas Chatham aventuravam-se mar adentro em grupos de 60 pessoas sobre uma balsa das hastes de flores de linária que boiavam sobre algas marinhas. Nessas ilhas, são de uso universal as canoas de troncos escavados, maravilhosamente equilibradas, com ou sem flutuadores, e também as embarcações de pranchas conjuntas nas extremidades e atadas engenhosamente com cordas. Nessas embarcações, os habitantes da referida zona empreendem longas viagens de muitas centenas de milhas de uma ilha a outra.

Até os dias de hoje, os indígenas brasileiros, particularmente os da região da Amazônia, utilizam-se das ubás, canoas feitas de tronco escavado, nas quais percorrem enormes distâncias em segurança.

4.12 Marítimo primitivo

Blaise Pascal (1632–1662) proferiu a máxima: "Os rios são estradas rolantes".

Essa frase descreve a sensação que o homem primitivo provavelmente teve quando entrou em contato com as águas correntes.

É possível que o espetáculo de um tronco arrastado pelas águas tenha dado a ideia de se mover na água com o auxílio de um objeto flutuante.

O primeiro navegador deve ter sido um homem que, experimentando cavalgar um tronco de árvore que seguia a correnteza, verificou que podia alterar sua direção e controlar sua velocidade por meio de uma vara suficientemente longa para tocar o fundo do rio.

Mais tarde, juntando vários troncos e amarrando-os com fibras vegetais, concebeu a primeira jangada e, finalmente, escavando o interior de um tronco, construiu a primeira canoa.

Analisando as soluções dadas pelos povos primitivos de eras mais recentes aos problemas de equilíbrio, resistência e velocidade, pode-se ter uma ideia muito aproximada dos processos mentais que antepassados usaram nas suas primeiras descobertas em relação à navegação.

Da canoa escavada no tronco ao barco leve, feito com casca de árvore, o degrau não foi difícil de subir. As substâncias betuminosas foram descobertas cedo e, com elas, certamente o seu uso na calafetagem das embarcações.

Alguns povos antigos calafetavam seus barcos, outros usavam peles de animais esticadas em uma armação de varas flexíveis. Este último processo é a origem da maior parte dos barcos circulares usados pelos antigos habitantes da Mesopotâmia e que ainda são encontrados no Tigre e no Eufrates com o nome *koufa*, assim como o *currgh* irlandês. Eram barcos especialmente concebidos para a pesca, mais para permanecer no lugar do que para longas viagens

Outros povos mais aventureiros construíram canoas esguias e pontudas, em uma só peça, que podiam enfrentar o mar largo. Os polinésios usavam o sistema de balanceiros, que tornou o barco muito mais resistente à força das vagas e praticamente impossível de ser virado, ao passo que os esquimós resolveram o problema de equilíbrio com uma pequena canoa de madeira leve e totalmente coberta com pele de foca, o caiaque.

Todos esses tipos de barcos pertenceram à pré-história da navegação e foram surgindo ao longo do período que vai do *Homo sapiens* aos princípios da civilização histórica.

O primeiro veleiro apareceu provavelmente no terceiro milênio a.C., mas a ideia de aproveitar a força do vento utilizando uma superfície que ofereça resistência é muito mais antiga. Sabe-se que povos antigos se moveram de arquipélago para arquipélago e até de um continente para outro. Não há informações concretas acerca desses arrojados marinheiros, mas muitos problemas etnográficos e teorias das migrações só podem ser explicados pressupondo método de navegação extremamente eficiente.

GLOBAL BUSINESS: VOCÊ ESTÁ PREPARADO?

Os egípcios navegavam tanto no rio como no mar e exploravam o Mar Vermelho entre o terceiro e o segundo milênio a.C. Mil anos antes da Guerra de Troia, a esquadra do faraó Sahuri viajava pelos mares, embora conservando a costa à vista e ancorando à noite. Essas pequenas viagens costeiras eram comuns em todas as esquadras do mundo antigo, e só na Idade Média, com o advento de novos tipos de embarcações e de velas, tornou-se possível para os navios se aventurarem pelo alto-mar por longos dias.

Entretanto, em um pequeno país árido e inóspito, na costa da Líbia, era muito natural que os habitantes procurassem o mar como forma de sobrevivência, e, assim, nascia a civilização fenícia, formada por pescadores, comerciantes e piratas. Era um povo astuto e determinado, incrivelmente intrépido, que construiu suas pequenas galeras com os cedros do Líbano e fez suas velas com o linho do Egito.

As galeras fenícias invadiram o Mediterrâneo e fundaram um florescente império comercial. Só elas eram capazes de atingir os lugares mais inacessíveis e desafiar as violências do mar. As outras nações deixavam-nas em paz porque a sua atividade comercial era essencial para o desenvolvimento econômico de cada um dos seus povos. Ninguém atacava essa confederação de 25 cidades com Tiro e Sidon à frente, mesmo quando os homens estavam no mar mercadejando vasos, joias, escravos, gado da Mesopotâmia e unguentos do Egito. Os velhos, as mulheres e as crianças ficavam em casa e construíam mais barcos.

Os fenícios nos deixaram na mais completa ignorância acerca de suas explorações e apenas se pode fazer conjeturas se conseguiram ou não atingir as costas da América, bem como além das Colunas de Hércules. Assim, a embarcação, desde o surgimento da canoa às galeras fenícias, foi uma contribuição fundamental ao crescimento da civilização.

Os navios de Guilherme, o Conquistador, que alcançaram as praias no século XI, não eram muito diferentes dos navios vikings do século VI.

O moderno tipo de leme apareceu em cena entre os séculos XII e XIII. Estava colocado à popa, mergulhava bem na água e podia ser facilmente manobrado por um só homem. As mais antigas ilustrações dessa nova invenção encontram-se em uma iluminura do *Comentário apocalíptico*, de Breslau, de 1242, e em um baixo-relevo de 1180 da Catedral de Winchester.

4.13 Navios cargueiros dos séculos XX e XXI

Com o progresso da globalização, as companhias marítimas evoluíram de forma extraordinária para poder atender à grande demanda mundial de produtos, encomendando os chamados mega navios, cujo primeiro, o *Emma Maersk*, de bandeira dinamarquesa, entrou em operação em 13 de setembro de 2006.

Com capacidade de transportar 15.000 contêineres de 20', a pintura de seu casco é em silicone, o que reduz a resistência da água e, com isso, economiza cerca de 1,2 milhão de litros de combustível por ano, além de ter 11 guindastes para o auxílio de carregamento e descarregamento. O que chama a atenção também é o alto investimento em informatização, o que permite sua tripulação limitar-se em 13 pessoas. O lançamento da Maersk ocorreu em junho de 2013, o Triple E, com capacidade para 18.000 contêineres de 20'.

No final de 2014, o *Globe*, com 400 metros de comprimento, 58,6 de largura, peso de 183.800 toneladas, fabricado pela Hyundai Heavy Industries para a China Shipping Line, iniciou suas operações e comporta 19.000 contêineres de 20'. A linha Triple-E da Maersk ficou em segundo lugar, tem "apenas" 18.000 de capacidade. O novo porta-contêineres custou US$ 136,6 milhões e é o primeiro de uma futura frota com cinco navios no total, que a China Shipping Line planeja operar em todo o Pacífico.

Já no dia 8 de junho de 2023, o *Manila Express*, do Armador Hapag-Lloyd, com capacidade de transportar 23.600 containers de 20', tem 400 metros de comprimento e 61 de largura, e era considerado, até então, o maior do mundo. Mas no dia 8 de agosto de 2023, Armador Overseas Container Line lançou ao mar o *OOCL Felixstowe*, com capacidade de transportar 24.188 Teus (containers de 20').

Até o encerramento na preparação deste livro, esse foi considerado o maior de todos.

4.14 Transporte aéreo

O principal fato que afeta a vida econômica do transporte comercial aéreo é a necessidade de ser despendida grande quantidade de energia apenas para que o avião se mantenha em voo. Consequentemente, o consumo de combustível é sempre elevado para o transporte de qualquer carga.

GLOBAL BUSINESS: VOCÊ ESTÁ PREPARADO?

Também afetam consideravelmente o custo do transporte aéreo as despesas com as medidas de segurança a serem tomadas. Em compensação, as altas velocidades atingidas pelas aeronaves permitem manter um serviço regular e frequente entre grandes distâncias, com reduzido número de aparelhos.

Como no caso das companhias marítimas, as empresas aéreas não são proprietárias das estações de origem e destino, que normalmente são de propriedade do Estado. As empresas aéreas pagam pelos serviços que aí são prestados.

Durante o intervalo entre as duas guerras mundiais, era frequente o governo subvencionar as empresas de transporte aéreo comercial. Na evolução do transporte aéreo de carga, o primeiro acontecimento especial registrou-se no princípio do século XX, quando foi posto em serviço o dirigível Zeppelin, na Alemanha.

Apesar de sua principal finalidade ser o transporte de passageiros, foram também transportados documentos valiosos e pequenos volumes de preço relativamente elevado. Esse foi essencialmente o princípio do serviço de transporte aéreo rápido.

A linha de vapores Hamburguesa-Americana, como representante da companhia alemã do Zeppelin, tornou público, em 1932, o primeiro itinerário regular de voos transoceânicos do Graf Zeppelin. O serviço foi, a seguir, ampliado para incluir voos através do Norte e Sul do Atlântico, até serem interrompidos com o começo da Segunda Guerra Mundial.

Enquanto na Europa desenvolvia-se rapidamente o interesse pelos aparelhos mais leves do que o ar, nos Estados Unidos a atenção concentrava-se nas possibilidades oferecidas pelos veículos mais pesados do que o ar.

Foi durante a Segunda Guerra Mundial que se evidenciaram, pela primeira vez, as grandes possibilidades do avião para o transporte de cargas pesadas.

Os anos posteriores à guerra marcaram o princípio de um rápido desenvolvimento de serviços de carga com itinerários fixos, assim como do emprego exclusivo de aviões para esse fim.

Outro meio de transporte aéreo, com que foram feitas experiências já em 1939, foi o helicóptero, empregado em transportes de curtas distâncias, particularmente de correspondências. O helicóptero tem sido amplamente utilizado nos serviços de busca e salvamento terrestre e marítimo.

Viajar de avião deixou de ser difícil, e até inacessível, para muitos, beneficiando a todos.

4.15 O transporte marítimo internacional

Uma das teorias econômicas (isto é, de conhecimento universal) define que "desde que haja uma fonte de produção, deve haver uma fonte de consumo".

Partindo desse conceito, o comércio internacional do fim do século XX, pelas próprias características da globalização, torna-se cada vez mais intenso, com produções cada vez mais sofisticadas que permitem competições mais acirradas.

É exatamente por isso que a logística no transporte internacional deve ser sempre analisada de forma objetiva, em razão da necessidade que o comprador tem em receber o produto que adquiriu no prazo, pelo preço já estipulado e em condições adequadas para utilizá-lo na geração de seus negócios.

Para quem negocia, o bem é chamado de mercadoria ou produto; para quem transporta, é chamado de carga, seja por via marítima, aérea ou terrestre.

Grande parte das mercadorias é transportada com proteção de embalagens, cuja finalidade é proteger o bem contra possíveis riscos de avaria e roubo, assim como existem outras que dispensam esse tratamento por apresentar características diversas. Por isso, recebem classificações distintas pelos transportadores:

- Carga geral: pode ser transportada por meio de fardos, sacos, embrulhos, caixas, chamadas de cargas soltas, ou por unidades de cargas, como em paletes ou contêiner, chamadas de cargas unitizadas.

- Carga granel: divide-se em dois grupos, granéis sólidos e granéis líquidos.

O transportador deve ter sempre conhecimento de que tipo de carga ele terá sob sua responsabilidade. Existem convenções internacionais que regem direitos e obrigações tanto do transportador como do embarcador da carga. De acordo com normas internacionais, as cargas têm a seguinte classificação:

- cargas normais;

- cargas perecíveis;

GLOBAL BUSINESS: VOCÊ ESTÁ PREPARADO?

- cargas frágeis;
- cargas de dimensões extraordinárias;
- cargas de pesos excepcionais;
- cargas perigosas.

Existem inúmeros navios especiais para uma ampla gama de mercadorias e produtos. Além de navios para o transporte ocasional de carga líquida e sólida a granel, existem serviços regulares de navios para carga geral, conteinerizadas: navios Lash, navios Ro-Ro, navios Lo-Lo, navios especializados para cargas pesadas, navios *Full Container,* entre outros.

O transporte marítimo internacional, como elemento fundamental do comércio mundial, é uma atividade econômica regida por uma extensa gama de normas e princípios internacionalmente aceitos.

Segundo esses princípios gerais, cada país procura adequar às suas necessidades uma estrutura compatível com seus objetivos.

4.15.1 Tarifas de fretes e serviços

O serviço de transporte marítimo inclui uma série de rotas que correspondem ao trajeto percorrido por determinada carga, desde o momento em que entra nas instalações portuárias em seu porto de origem até deixar as instalações no porto de destino.

Assim, as negociações de tarifas podem ser realizadas junto às companhias de navegação, por meio do entendimento sobre o produto embarcado, a saber:

- *Not Otherwise Specified* (NOS): frete cobrado quando o produto não constar na tarifa do armador; Tarifa Geral.
- Específico: frete específico de uma mercadoria.
- Mínimo: aplicado a pequenos volumes.
- Contratado: aplicado sobre o valor firmado em contrato entre a empresa exportadora e a companhia marítima, com a garantia de que os valores negociados não se alterarão durante o período determinado e sempre acordados em valores reduzidos. Com isso, o exportador garante o preço ao importador.

4.15.2 Composição do frete

Por existir um Contrato de Transporte Marítimo, em inglês *Bill of Lading* (BL), os valores cobrados sobre as tarifas poderão ser declarados nesse documento de várias formas. Veja algumas a seguir:

- Frete básico: tarifa aplicada sobre o peso (toneladas) ou cubagem (metro cúbico) ou contêiner;
- *Bunker surcharge* (sobretaxa de combustível): percentual sobre o frete básico;

Taxas adicionais opcionais:

- congestionamento;
- porto secundário;
- travessia de canal (Panamá, Suez);
- volumes pesados;
- volumes extralongos;
- desvalorização da Moeda do Frete no Destino;
- outras taxas de acordo com as características do embarque.

4.15.3 Condições de embarque

Siglas usadas

Mais uma vez vale a pena lembrar o leitor sobre a necessidade de conhecer a tarifa e os tipos de fretes para sua mercadoria:

- *Liner terms*: embarque e desembarque por conta da Companhia Marítima.
- *Free in to vessel* (FI): livre de despesas de carregamento para a Companhia Marítima.
- *Free in and out* (FIO): livre de despesas de embarque/desembarque para a Companhia Marítima.
- *Free in and out stowed* (FIOS): embarque/desembarque/arrumação por conta da carga.

- *Free in and trimmed* (FIOT): embarque/desembarque/rechego (granel) por conta da carga.

- *Free out* (FO): desembarque por conta da carga.

- *Free in liner out* (FILO): embarque por conta da carga e desembarque por conta do navio.

- *Free in stowed liner out* (FISLO): embarque/arrumação por conta da carga e desembarque por conta do navio.

- *Liner in free out* (LIFO): despesas de carregamento por conta do navio e desembarque por conta do exportador.

Salienta-se que os usuários de transporte marítimo devem procurar negociar as condições de embarque com as companhias marítimas quando tiverem grandes quantidades a serem embarcadas durante determinado período.

4.16 Consolidação de cargas

Por meio das empresas autorizadas pelos órgãos controladores, como o Departamento de Marinha Mercante (DMM), o Banco Central do Brasil (Bacen), a Secretaria da Receita Federal (SRF), o exportador e o importador podem contratar esse serviço. Essas empresas operam com cargas fracionadas, pois a quantidade não justifica o uso de um contêiner de 20 ou 40 pés. Trata-se do sistema internacional denominado **Non Vessel Operating Common Carrier** (NVOCC), ou seja, a empresa consolidadora opera as cargas em contêineres, negociando com as companhias marítimas os valores de fretes/serviços, criando suas tarifas para o negociar com exportadores e importadores.

Nesse sistema, o exportador recebe um Conhecimento de Embarque — que é o Contrato de Transporte Internacional — da própria empresa consolidadora, denominado *House Bill of Lading* (HBL), perfeitamente aceito em uma negociação, pois é um documento negociável junto aos demais que o exportador emite e remete ao importador.

4.17 Relação custos *vs.* Incoterms 2020

Figura 7 – Esquemática dos custos que podem ser aplicados no transporte marítimo internacional

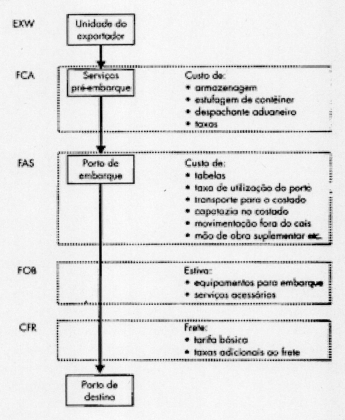

Fonte: o autor

4.18 Conhecimento de embarque marítimo

Em inglês, esse documento é denominado como *Bill of Lading* (BL), essencial nas transações internacionais por meio do transporte marítimo de mercadorias. Ele, como contrato, serve para comprovar a entrega da mercadoria à companhia marítima, pelo exportador.

Por ser um contrato, contém informações detalhadas sobre a carga embarcada, porto de embarque e de destino, data de carregamento mediante cláusula *Ship on board*, entre outras.

É considerado o documento mais importante, pois representará, numa alfândega, o que a empresa importadora adquiriu no exterior, juntamente a outros documentos internacionais enviados pelo exportador, conforme modelo a seguir.

4.19 O transporte aéreo internacional

O transporte aéreo tem uma estrutura econômica que difere, basicamente, tanto do transporte terrestre como do marítimo, pois o que caracteriza a técnica da exploração de uma linha de transporte aéreo é a necessidade de gastar força motriz para manter as aeronaves em voo e o alto custo de exploração. Já as instalações e os terminais nos aeroportos costumam ser fornecidas pelo Estado.

Do ponto de vista do comércio exterior, esse modal é muito representativo por suas características, pois muitas empresas necessitam de velocidade nas operações com o exterior, assim como do menor risco possível de avarias e furtos para suas mercadorias.

Por outro lado, toda empresa, exportadora ou importadora, deve conhecer os fundamentos do sistema aéreo internacional para que possa negociar, contratar e pagar o valor justo na utilização desse modal.

4.19.1 Característica desse modal

As mais importantes que podemos destacar são:

- Rapidez: pela idoneidade do sistema de transporte para mercadorias que necessitam de entregas urgentes.

- Segurança: a taxa de sinistralidade é muito baixa.

- Flexibilidade: troca de aeronaves em determinados pontos da viagem (*hubs*).

- Limitação: quanto às dimensões da carga/portas da aeronave.

- Custo elevado: em relação aos outros modais.

- Manuseio: permite o uso, ainda que limitado, de contêineres compatíveis entre os diferentes tipos de aeronaves.

Quanto à versatilidade — o êxito e o auge desse modal em âmbito mundial, associado à tecnologia dos aviões —, torna-se necessária a colaboração de todos os agentes participantes dessa cadeia logística por meio de melhor coordenação das alfândegas em relação aos despachos aduaneiros.

Com o surgimento de novos modelos de aeronaves, bem maiores e com mais capacidade de peso, a restrição para o desenvolvimento de serviços de curta distância pode ficar comprometida, já que impossibilita a utilização contínua de contêineres em aviões menores.

4.20 Associação Internacional de Transporte Aéreo (Iata)

Fundada em abril de 1945, em Havana, Cuba, por 45 membros de 31 países, sua sede é em Montreal, no Canadá, e seu principal escritório executivo é em Genebra, na Suíça. Há escritórios regionais em 50 países.

Em maio de 2024, a International Air Transport Association (Iata) anunciou a existência de 320 companhias aéreas internacionais de 120 países e que 83% da carga mundial foi transportada por companhias associadas a Iata

Sua missão é representar e servir o setor da aviação. Para cumprir suas metas, atende a quatro grupos engajados na operação equilibrada do sistema de transporte aéreo mundial:

1. o público em geral;

2. os governos;

3. os agentes de cargas e turismo;

4. os fornecedores de equipamentos e sistemas.

Algumas vantagens devem ser observadas sobre esse modal:

- Para as empresas aéreas: a Iata oferece soluções conjuntas — além dos recursos próprios de cada empresa — para explorar oportunidades e resolver problemas. As empresas aéreas interligam suas redes individuais em um sistema de abrangência mundial por meio da Iata, a despeito das diferenças de idioma, moeda, legislação e hábitos.

- Para os governos: a Iata desenvolve padrões operacionais para o setor. Representa também a fonte mais rica de experiência acumulada e conhecimentos específicos sobre a qual os governos podem se apoiar. Em questões de segurança e eficiência do transporte aéreo, contribui com a política estabelecida da maioria dos governos, permitindo economizar grandes esforços e recursos que, de outra forma, deveriam ser gastos em negociações bilaterais, como as tarifas.

- Para terceiros: a Iata funciona como um elo coletivo entre eles e as empresas aéreas. Agentes de cargas podem representar comercialmente as empresas no mercado por meio da Iata e beneficiar-se da neutralidade aplicada nos padrões de serviço às agências e do nível de profissionalismo alcançado na prestação desses serviços.

4.20.1 As principais finalidades da Iata

- administrar serviços para as companhias aéreas;
- desenvolver estudos sobre o tráfego aéreo;
- desenvolver a economia do tráfego aéreo;
- estudar rotas, tráfegos e fretes;
- nomear "agentes de cargas" e de "turismo".

4.20.2 Frete aéreo

Valor recebido pelo transporte de um bem mediante um contrato de transporte denominado conhecimento de embarque, que deverá ser sempre emitido de acordo com o artigo 1º da Convenção de Varsóvia e os Códigos Comerciais de todos os países.

Fatores que influenciam o valor do frete:

- Valor da mercadoria.
- Peso, volume (kg/densidade).
- Manuseio de carga especial.
- Natureza do produto (perecível, perigoso).
- Grau de suscetibilidade a furto e avaria.
- Milhagem percorrida (aeroporto – aeroporto).
- Quantidade/demanda do produto.

4.20.3 Fator de densidade

Para mercadorias/produtos leves e que ocupam muito espaço nas aeronaves (lâmpadas fluorescentes, caixas de isopor etc.), as tarifas aplicadas são sempre calculadas por um fator determinado pela Iata, por conta de as tarifas publicadas indicarem sempre o peso como base de cálculo para cobrança do frete. O fator densidade oficial é de 6.000 centímetros cúbicos para 1 quilo, mas a Iata autoriza que utilizem o fator 5.000; o critério é de cada companhia aérea.

A seguir, um exemplo de como aplicar o fator 6.000 centímetros cúbicos:

- Uma caixa com:

(C) 120 cm; (L) 90 cm; (A) 70 cm; (peso bruto) 100 kg

C × L × A: 6.000 (120 x 90 x 70 dividido por 6.000) = 126 (densidade)

O frete será cobrado sobre 126 quilos, e não sobre 100 quilos, pois a carga é por densidade, e não peso.

Obs.: no aéreo não existe carga cubada, e sim de densidade.

4.21 Tarifas Aéreas

4.21.1 General Cargo Rate (tarifa geral)

- Mínima (M).
- Normal (N): para embarques até 45 quilos.
- Quantidade (Q): para embarques acima de 45 quilos.

4.21.2 Tarifas classificadas (aplicadas especificamente)

- Bagagem desacompanhada.
- Livros, revistas, jornais, catálogos, material promocional.
- Altos valores (pedras preciosas, ouro, prata, obras de arte etc.).
- Animais vivos.
- Restos mortais.

Nessa tarifa, são aplicados descontos ou acréscimos sobre a tarifa geral.

4.21.3 *Commodity rate* (tarifa por produto)

- Peso mínimo por embarque.
- Produtos classificados pela Iata (ver lista a seguir).

- Tarifas menores em relação à *General Cargo Rate*.

- Tarifa aplicada de aeroporto – aeroporto (GRU – MIA, FRA – GRU).

Classificação das *commodities* Iata:

0001-0999: animais comestíveis, frutas e vegetais.

1000-1999: animais vivos e produtos vegetais.

2000-2999: tecidos, fibras e manufaturados.

3000-3999: metais e manufaturas.

4000-4999: máquinas, veículos e eletrônica.

5000-5999: minerais manufaturados.

6000-6999: químicos e farmacêuticos.

7000-7999: papel, borracha, madeira e manufaturas.

8000-8999: aparelhos científicos.

9000-9999: miscelâneas.

Exemplos de produtos classificados pela *commodities* Iata:

0007: frutas e/ou vegetais.

0059: produtos de chocolate, balas e bolachas.

0180: café solúvel, café em pó, café em grão.

0805: aspargos.

1238: manufaturados de couro (bolas, cintos, bolsas, malas de viagem).

3969: fechaduras.

4246: lonas de freio.

4318: máquinas de escrever e de calcular, caixas registradoras, duplicadoras.

4782: máquinas de costura.

4.21.4 Consolidação de cargas

Essa modalidade de frete foi criada pela Iata para que os agentes de cargas (*freight forwarders*) tivessem a oportunidade de agrupar cargas da mesma origem para o mesmo destino, ou seja, de aeroporto a aeroporto, utilizando-se de seus próprios conhecimentos de embarque — *House Air Waybill* (Hawb) —, que têm legalmente aplicações iguais aos Conhecimentos da Companhia Aérea (Awb).

O exportador ou importador deverá procurar esse tipo de serviço diretamente nas empresas consolidadoras de cargas, e não nas companhias aéreas, que não têm esse serviço a oferecer.

4.22 O transporte rodoviário no Mercosul e Cone Sul

Boa parte do comércio brasileiro com os países do Mercosul (Argentina, Brasil, Uruguai e Paraguai) e os do Cone Sul do continente Peru, Chile e Bolívia) está sendo realizada por rodovia, sendo esta uma opção mais ágil para a integração do Brasil com seus vizinhos.

O transporte rodoviário evidencia, entre outras características, a economia de tempo e o sistema "porta a porta". A principal característica desse tipo de transporte é a simplicidade de funcionamento. Entre os armazéns do exportador e do importador, a mercadoria sofre apenas duas operações: o embarque, nas instalações do exportador, e a descarga, nas instalações do importador. Com isso, as possibilidades de riscos com manuseio diminuem sensivelmente e há redução de custos com a simplificação de embalagens.

Em 1966, o Convênio Tripartite entre Brasil, Argentina e Uruguai estabeleceu normas para o transporte de cargas e passageiros. Em 1977, o documento foi refeito, com a inclusão do Chile, Peru, Paraguai e Bolívia, contendo em suas cláusulas de princípios as disposições que refletem a reciprocidade e a convergência de interesses. A partir desse momento, o acordo passou a chamar-se Convênio do Cone Sul.

De acordo com as normas e os critérios estabelecidos, as empresas transportadoras devem, para poderem operar entre os países, inicialmente obter os credenciamentos e registros em seus países de origem para posteriormente pleitear as autorizações nos outros países em que desejam operar.

São várias conexões fronteiriças, também chamadas de pontos aduaneiros (fiscalização das cargas transportadas que saem e ingressam no país), convencionados por entendimentos bilaterais.

Algumas dessas conexões são:

- Fronteira Brasil–Argentina: Uruguaiana/Paso de los Libres; São Borja/San Tomé; Porto Xavier/San Javier; Dionisio Cerqueira/ Bernardo Yrigoyen; Porto Meira/Yguazú; Vera Cruz/Panambi; Porto Mauá/Alba Posse.

- Fronteira Brasil–Paraguai: Foz do Iguaçu/Ciudad del Leste; Ponta Porã/Pedro Juan Caballero.

- Fronteira Brasil–Uruguai: Chuí/Chuy; Jaguarão/Rio Branco; Santana do Livramento/Rivera.

Na contratação da transportadora, o usuário deverá analisar o custo do transporte, a idoneidade da empresa e seu credenciamento.

Para receber informações sobre esse modal, o usuário pode dirigir-se à Associação Brasileira de Transportadores Internacionais (ABTI), em Uruguaiana/RS, ou acessar o site www.abti.com.br.

Um dos fatores básicos para uma boa escolha é o poder de negociação dos custos operacionais que existem nesse meio de transporte modal. O pagador do frete deve, de acordo com a quantidade a ser transportada, procurar negociar o frete e outras despesas para poder viabilizar sua operação de compra ou venda.

4.23 Manifesto Internacional de Carga/Declaração de Trânsito Aduaneiro (MIC/DTA)

Com a criação do Mercosul pelo Tratado de Asunción de 1991, a partir de 1992 foi introduzido o sistema MIC/DTA, que consiste em um só documento emitido pelo transportador e tem como objetivo principal agilizar o tratamento aduaneiro na fronteira, diminuindo o tempo de viagem.

A carga é transportada a uma Estação Aduaneira do Interior (EADI), que, junto aos documentos de exportação, é fiscalizada pela Receita Federal (em caso de exportação brasileira) ou pelo órgão responsável em outro país, que lacra o veículo transportador e autoriza o documento. O veículo, ao chegar à fronteira designada no documento, passa pela inspeção para depois seguir viagem com destino a outra estação aduaneira no país de destino, onde a mercadoria será inspecionada e nacionalizada.

Esse procedimento em fronteira é apenas para certificação do lacre e dos documentos da transportadora, pois a carga já foi inspecionada e liberada para a exportação.

4.24 Sistema Multimodal

Ao verificar que as operações de exportação ou de importação podem ser realizadas por uma só empresa de serviços logísticos, por meio da Multimodalidade (porta a porta), a primeira impressão é de que o embarque é gerenciado de forma particular, com mais qualidade tanto na movimentação da carga como nos custos, e ainda com um controle do tempo dessa operação.

Embora no Brasil esse serviço tenha sido implantado há poucos anos — o autor deste livro participou diretamente do projeto de implantação desse sistema —, os anos vão se passando e, mesmo com a existência do Decreto n.º 3.411/00, ainda prevalece o serviço intermodal, e não o multimodal, apesar da publicação do Decreto n.º 5.276/04, que modificou as questões relacionadas ao seguro por parte do operador logístico.

Quanto ao transporte multimodal, ele alia a conveniência e a simplicidade jurídico-administrativa do transporte unimodal à eficiência econômico-energética do transporte segmentado, com um único responsável perante o dono da carga: o Operador de Transporte Multimodal (OTM).

Sob o aspecto operacional, é necessário que a carga seja unitizada, de forma indivisível e inviolável. Significa dizer que a unidade unitizada será integralmente transferida de um modo de transporte para o outro, sem que as suas frações sejam manuseadas diretamente. Deve também apresentar um caráter sistêmico, em que as unidades de carga transitem facilmente pelos vários modos de transporte.

Sob o aspecto fiscal, a carga é inspecionada apenas na origem e/ou destino, não ocorrendo desagregação das suas unidades de carga durante todo o transporte. Essa modalidade pode oferecer uma série de vantagens, como:

- Contratos de compra e venda mais adequados.
- Melhor utilização da capacidade disponível de transporte.
- Utilização de combinações de modais nacionais e internacionais mais eficientes.
- Melhor utilização das tecnologias de informação.

4.24.1 Ganhos de escala

- Melhor utilização da infraestrutura de apoio.
- Experiência internacional das empresas de logística.
- Redução dos custos diretos e indiretos.

Outra importante vantagem na utilização da multimodalidade é a possibilidade de incrementar o comércio exterior às empresas de pequeno e médio portes. Diferentemente das grandes empresas, as pequenas e médias, de forma geral, não têm recursos técnicos e financeiros que possam ser canalizados para estruturação logística de operações internacionais.

4.24.2 O Operador de Transporte Multimodal (OTM)

A atuação de um operador logístico especializado em operações nacionais e internacionais, principalmente em logística, poderá contribuir para que essas empresas de médio e pequeno portes usufruam da inteligência logística desses operadores, auferindo ganhos de competitividade qualitativos e quantitativos, e, ainda, contribuindo para que a participação delas no comércio internacional cresça. A contratação do sistema multimodal é idêntica à do intermodal: solicita-se ao OTM que retire a mercadoria em determinado lugar e a entregue em outro (operações porta a porta). Há apenas um pagamento e a negociação é feita apenas com uma empresa que detém total responsabilidade por todo o percurso.

Cabe a ele realizar vários contratos, protocolos, acordos (por períodos) com outros prestadores de serviços que estarão no processo, em que são garantidos preço, espaço nos embarques, geralmente relacionados com grandes quantidades, e exclusividade. Depois, fará um único contrato, em separado, com o embarcador.

A grande vantagem para o exportador é que, com a retirada da carga e automaticamente com o conhecimento de embarque em suas mãos, poderá, ato contínuo, negociar os documentos no banco para que sejam remetidos ao exterior, diminuindo o tempo e reduzindo custos financeiros.

4.25 Síntese das atribuições dos operadores logísticos

- Prestar assistência administrativa à empresa no país e no exterior.

- Apresentação ao exportador/importador de sugestões de segurança do material a ser transportado, embalagem etc.

- Fiscalização de prazos de entrega de mercadoria, instruções de embalagem e desempenho.

- Controle dos prazos de validade de documento de embarque.

- Verificação (antes do embarque) da necessidade de documentos, caso o fornecimento não esteja de acordo com as normas.

- Escolha do porto e do aeroporto de embarque mais adequado.

- Armazenagem e guarda da mercadoria.

- Informações ao exportador/importador sobre as alterações significativas nas tarifas de fretes e outros encargos.

- Reserva dos fretes aplicáveis e obtenção das bonificações máximas possíveis.

- Perfeita emissão dos conhecimentos de embarque (contrato de transporte).

Considerando todas essas atividades, empresas exportadoras e importadoras devem sempre estar atentas e procurar, da melhor forma possível, conhecer detalhes das operações que realizam, por meio dos operadores logísticos de sua confiança.

CONSIDERAÇÕES FINAIS

Não é novidade dizer que o mundo mudou. O comércio internacional, com base nos intensos movimentos de produtos, mercados, serviços e investimentos estão na pauta econômica dos países.

As empresas atuantes no comércio mundial têm de se tornar cada vez mais competentes, capazes de reagir às constantes mudanças da economia em virtude da globalização dos produtos e dos mercados. A atuação dessas empresas, não só em caráter operacional, mas principalmente estratégico, é proporcionada pela absorção de práticas logísticas à atividade de compra e venda internacionais, em razão da grande preocupação dos profissionais e empresários com concorrências, barreiras comerciais, financeiras, aduaneiras, satisfação do cliente, qualidade e regulamentos no âmbito nacional e internacional.

Nesse cenário, a logística internacional assume fundamental importância por proporcionar aumento da eficiência ao processo, além de agregar mais valor às pessoas e aos produtos, considerando a maior exigência dos consumidores.

É notório que, com maior abertura do mercado internacional e, consequentemente, o aumento da competitividade e da inovação, surja a necessidade de um conhecimento detalhado das atividades logísticas nos estudos e processos de exportação, importação e, principalmente, dos serviços oferecidos e praticados pelos operadores logísticos.

Apesar da evolução do comércio exterior do país nos últimos anos, a "bolha logística", e não simplesmente o gargalo logístico, ainda permanece, e só será possível avançar no ranking internacional se a infraestrutura tiver grandes investimentos e se modernizar.

Finalmente, espero que esta obra tenha contribuído para ampliar o conhecimento sobre o *Global Business*, e que a pergunta "**você está preparado?**" tenha sido **eliminada** após as contribuições do livro.

Não se faz globalização sem profissionais!
Parabéns aos que acreditam no que fazem.

REFERÊNCIAS

A TRIBUNA. Santos, 19 dez. 2023, seção Economia, Caderno B-1.

ANDRADE, Rui Otávio Bernardes *et al. Cultura e ética na negociação internacional.* São Paulo: Atlas, 2006.

BASSI, Eduardo. Globalização de negócios. São Paulo: Cultura Editores, 1997.

BRAUDEL, Fernand. A history of civilizations. New York: Penguin Books, 1995.

BRAVO, Alfredo; CAVALCANTE, Glauco. *Negociação 7.0.* Rio de Janeiro: Ubook, 2022.

BRUGNOLO, Marino Filho; LUDOVICO, Nelson (org.). *Gestão estratégica de negócios.* São Paulo: Saraiva Uni, 2018.

BUSHIDÔ, Nikko. *Sun Tzu*: a arte da guerra, os treze capítulos originais. São Paulo: Jardim dos Livros, 2006.

CAMP, Robert C. *Benchmarking*: o caminho da qualidade total. 3. ed. São Paulo: Editora Pioneira Thomson Learning, 2002.

CAVALCANTI, Antonio F. Planejamento estratégico participativo. São Paulo: Senac, 2008.

COOPER, Robert; SAWAF, Ayman. Inteligência emocional na empresa. Rio de Janeiro: Campus, 1997.

CORRÊA, Henrique Luiz. *Administração de cadeias de suprimentos e logística*: integração na era da Indústria 4.0. 2. ed. São Paulo: Atlas, 2019.

COSTA, Armando João Dalla; SANTOS, Elson Rodrigues de Souza: *Estratégias e negócios das empresas diante da internacionalização.* Curitiba: Intersaberes, 2012.

DIAS, Marco Aurélio. *Introdução à logística*: fundamentos, práticas e integração. São Paulo: Atlas, 2022.

DRUCKER, Peter. Fator humano e desempenho. São Paulo: Pioneira, 1997.

FISHER, Roger. Como chegar ao SIM. São Paulo: Imago, 2005.

ICC - INTERNATIONAL CHAMBER OF COMMERCE. *Incoterms 2020.* Publicação ICC:723EP. Paris, 2019.

LOPES, Sonia; STOECKICHT, Ingrid. Negociação. Rio de Janeiro: Editora FGV, 2009.

LUDOVICO, Nelson. *Logística de transportes internacionais*. 3. ed. Jundiaí: Paco Editorial, 2022.

LUDOVICO, Nelson. *Logística Internacional*. 4. ed. São Paulo: Saraiva, 2018.

LUDOVICO, Nelson. Como preparar uma empresa para o comércio exterior. 2. ed. São Paulo: Saraiva Uni, 2018.

LUDOVICO, Nelson. Estratégia adaptativa: disruptura dos modelos de negócios globais das empresas brasileiras, causados pela pandemia no período de 2022 a 2022. *RECIMA21 - Revista Científica Multidisciplinar*, v. 4, n. 1, p. e412616, 2023. Disponível em: https://doi.org/10.47820/recima21.v4i1.2616. Acesso em: 15 maio 2014.

LUDOVICO, Neuza Aparecida Dinamarco. Gestão inteligente de pessoas cérebro: melhor conhecer, melhor utilizar. Tese (Doutorado em Ciências da Administração) – Orlando/EUA, Florida Christian University, 2013.

LUDOVICO, Neuza Aparecida Dinamarco; LUDOVICO, Nelson. Logística internacional. 4. ed. São Paulo: Saraiva, 2018.

MARTINELLI, Dante; ALMEIDA, Ana Paula. Negociação. São Paulo: Atlas, 1997.

MOYSÉS, Jorge Netto. Negociar é preciso! São Paulo: STS, 2012.

PENG, Mike W. *Estratégia global*. São Paulo: Thomson, 2008.

PERA, Thiago Guilherme. A logística no Brasil está mudando, e as parcerias público-privadas trazem competitividade maior. Portogente Revista Eletrônica, 2020. Disponível em: https://portogente.com.br/notícias/dia-a-dia/webinar-as--oportunidades-do-arco-norte. Acesso em: 10 nov. 2020.

RODRIGUES, Paulo Narciso. *Importação & Exportação sem complicação*. 6. ed. São José do Rio Preto: Cosimex Publicações & Cursos de Comércio Exterior, 2021.

RUNRUN.IT. *Quais são as 5 forças de Porter?* Revista Eletrônica. Disponível em: https://blog.runrun.it/5-forcas-de-porter/. Acesso em: 8 jun. 2024.

SANDOVAL, Manuel V. Comercio internacional. México: Patria, 2007.

SARFATI, Gilberto. *Manual de negociação*. São Paulo: Saraiva, 2010.

SILVA, José Paulo Pereira. *Cultura empresarial*: o segredo que faz a diferença entre o comum e o extraordinário no mundo dos negócios. São Paulo: Ideal Books, 2022.

VERTAMATTI, Roberto. *Ética nas empresas em um mundo globalizado*. São Paulo: Globus, 2011.

VIEIRA, Marcelo Milano Falcão; VIEIRA, Eurípedes Falcão. Geoestratégia global. Rio de Janeiro: Editora FGV, 2007.